アイデアをお金に変える「マネタイズ」ノート

MONETIZE NOTE

WHAT'S THE VERY FIRST THING THAT PEOPLE WHO CREATE NEW BUSINESSES FOCUS ON?

経営コンサルタント
市原義文

三笠書房

プロローグ

「マネタイズ」ノート——書くだけで、アイデアがお金になる！

「これまでとは違う新商品をつくってほしい」

「売上を挽回する策を考えてもらいたい」

「新規事業のアイデアを提案してもらえないか」……。

ある日突然、会社の**上司からこのような難題をつきつけられたら、どうしますか？**

「これまでとは違う新商品」「売上を挽回する策」「新規事業のアイデア」……。

どれも、口で言うほど簡単なものではありません。実際、商品開発や企画、営業、マーケティング、経営などに携わる多くの方が、日々、頭を悩ませている問題です。

でも、サラリーマン社会では、このような難題をつきつけられることは、珍しくありません。かくいう私も、冒頭の3つの難題をすべて課された経験があります。

考えてみれば、それも仕方がないことかもしれません。めまぐるしく変化する昨今のビジネス環境では、どの企業も、既存の商品、既存の事業だけで成長し続けることは難しいからです。

かつて、「これほどアイデアが求められる時代」もなかったのではないでしょうか。

逆に言えば、そのような時代だからこそ、「**アイデア次第で、大きなチャンスをモノにできる可能性が高い**」ということです。

では、具体的にどうすればいいでしょうか？

その問いに対する、私なりの答えが、本書『アイデアをお金に変える「マネタイズ」ノート』です。本書は、私の30年以上にわたるビジネス経験をもとに、「今すぐアイデアが必要！」という**みなさんの、切実な問題を解決するために企画**しました。

さて、本書のタイトルにある「マネタイズ」ノートというキーワードから、あなたはどのような印象を持たれたでしょうか？

マネタイズとは、「事業を収益化する」という意味です。わかりやすく言うと、ビジネスで**「お金を生み出す」「儲けを生み出す」仕組み**のことです。

ここ数年は、ｗｅｂ業界で「無料のサービスから収益を生む」という意味で使われることも多くなりました。たとえば、インターネットで通信販売をする際に発生する手数料や、自社サイトに掲載した広告によって発生する報酬などが代表的な例です。

ただ、本書では、**ｗｅｂ業界でいうところのマネタイズには言及しません。**

あくまで、「事業を収益化する」――つまり、ビジネスで「お金を生み出す」「儲けを生み出す」仕組み――という本来の意味での「マネタイズ」の方法を、ノートを使って考えていきます。それが、「マネタイズ」ノートというわけです。

世の中には、マネタイズの方法が数多くあります。ただ、それを突き詰めていくと、必ず**「社会的な価値を生むアイデア」**に行き当たります。私は、それこそが、マネタイズの原点だと考えています。

「社会的な価値を生むアイデア」とは、簡単に言えば「お客様が困っていることを解決するアイデア」のこと。あるいは、「お客様の役に立ち、お客様を喜ばせるアイデア」とも言えます。

お客様が困っていることを解決し、お客様の役に立ち、お客様を喜ばせるアイデアだからこそ、社会的な価値があると認められ、新しい商品やサービス、新しい事業につながり、マネタイズができる（お金を生み出す）わけです。

俗に「いいアイデア」などと言われますが、私は**「社会的な価値を生む＝マネタイズできるアイデア」**こそが「いいアイデア」だと考えています。

逆に、「社会的な価値を生まない＝マネタイズできないアイデア」は、アイデアではなく、「単なる思いつき」にすぎないとも言えるのです。

厳しいことを言うようですが、それがビジネス社会における現実だということを、知っておいていただきたいと思います。

Pontaカード、業界初のセルフレジ、手洗い管理システム……

新商品、新事業をつくる人は、何を考えているのか？

ここで簡単に自己紹介をさせてください。私は、経営コンサルタントの市原義文(いちはらよしふみ)といいます。現在は、新商品の開発に携わったり、新しい事業を立ち上げたり、経営に行き詰まった企業の再生を支援したりする活動をしています。

もともとは、企業に勤めるサラリーマンでした。新卒で日産自動車に入社し、情報システム部門のシステムエンジニアとして社会人生活をスタートしました。

その後、縁あって、外資系大手のコンサルティングファームに転職。マネージャーに昇格し、新しいサービスの日本責任者に抜擢されたものの、ヘッドハンティングをされる形で、コンビニ大手の1つ「ローソン」に転職することになったのです。

ローソンは、私にとって**あらゆる意味で「アイデアが試される場」**となりました。

その取り組みについては、のちほどご紹介させていただきます。

その後は、産業機械を製造販売するユニキャリア（現・三菱ロジスネクスト）、衛生機器を扱うシーバイエス、また独立後はオートバイ用品チェーン店のナップス、地元密着型のパン屋さん大場製パン……などなど、サラリーマン時代と合わせて10以上の業界・企業の仕事に携わってきました。

私がまったく異なる業界・企業でも、一定の成果を出し続けてこられたのは、本書で紹介する**「マネタイズ」ノートを使って、アイデアをつくり、実現してきたから**に尽きます。

ここで、私のアイデアによって実現したサービス、事業の一例をご紹介します。

・**ローソン「Ｐｏｎｔａカード」**……少々面はゆいのですが、私が企画をし、実現したことから、業界では、**「Ｐｏｎｔａの父」**などと呼ばれることもあります。今では会員数が1億人を超え、国内最大規模のポイントカードに育ちました。

・**コンビニ業界初の「セルフレジ」**……今では当たり前となりましたが、当時はお客様のムダな待ち時間を解消する画期的なアイデアとして話題となりました。

・**「デジタルサイネージ広告」**……当時は、目線の高さに近いデジタルサイネージ広告はほとんどなかったため、メディアからも注目されました。

・**ローソン初の「企業内起業」**……新浪剛史社長（当時）の命を受けて、ローソンの中に、新しいメディア事業を立ち上げ、私が代表取締役社長を務めました。

・**飲食業界初の「手洗い管理システム」**……あらゆるものがインターネットにつながるＩｏＴ技術を使い、手洗い・消毒を徹底するシステムを開発しました。

・**上野動物園「パンダのフォークリフト」**……上野動物園のパンダとコラボすることで、メディアから複数の取材を受け、全国にアピールすることができました。

これらはほんの一例ですが、どれも「マネタイズ」ノートを活用することで、実現してきたアイデアです。けっして派手なものではありませんが、お客様が困っていることを解決し、お客様の役に立ち、お客様を喜ばせるアイデアということでは一貫しています。もちろん、「会社に利益を上げる」という意味で、どれも大きな貢献をしてきたアイデアと言えます。

少々長くなってしまいましたが、ここで私がみなさんにお伝えしたいのは、「**アイデアは、才能に恵まれた一部の人だけのものではない**」ということです。

アイデアは、ある日突然、天から降ってくるものではありません。

といって、うんうんうなりながら、必死にひねり出すものでもありません。

アイデアとは、「**もっとロジカルで、必然性のあるもの**」だと、私は考えています。

正しい手順を踏んでいきさえすれば、どんな人でも必ず「マネタイズできるいいアイデアがつくれる」のです。

アイデアがどんどん生まれる「ノート」

では、アイデアをつくる際の正しい手順とは、どういうものでしょうか？

まず、大まかな流れを説明すると、アイデアづくりには「**拡げる→絞る**」という2つの行程があります。

「**拡げる**」とは、**アイデアのヒントを「見つける」**こと。制約を設けず、できるだけ多くのヒントを集める行程です。気づいたヒントを取りこぼさずに、しっかり記録することも大切です。

「**絞る**」とは、アイデアのヒントを**整理**し、**組み合わせ**、マネタイズできるアイデアに**仕上げていく**行程です。不要な情報と、必要な情報を整理したら、必要な情報同士を組み合わせ、マネタイズできるアイデアに仕上げていくのです。

この大まかな流れを、もっと具体的に表すと「**観察→記録→整理→組み合わせ→仕**

上げ」となります。この一連のプロセスが、アイデアをつくる際の正しい手順です。

本書は、この手順と同じ流れで構成しました。全体が5章に分かれています。

前半の1章「観察」、2章「記録」は、「拡げる」行程です。

後半の3章「整理」、4章「組み合わせ」、5章「仕上げ」は、「絞る」行程です。

「拡げる」と「絞る」では、頭の使い方が真逆になります。そこで、本書で使用するノートは、それぞれの用途にふさわしいものを使い分けていきます。

「拡げる」時は、主に「**小さなメモ帳**」を使います。観察して気づいたことをすぐに記録するためには、携帯性に優れた小さなメモ帳が大活躍します。

「絞る」時は、**A4サイズの「方眼ノート」**を使います。A4サイズの方眼ノートは、横向きにして使うと、アイデアを形にするうえで最強のツールになります。情報を整理したり、組み合わせたり、新しいアイデアをつくっていく作業が自由自在です。

細かいことは、それぞれの章を読んでいただくとして、大切なのは、**用途に応じてノートを使い分ける**、たったそれだけです。

マネタイズできるアイデアには、人もお金も自然に集まる

それでは、いよいよ「マネタイズ」ノートを使って、お金を生み出すアイデアをつくっていきましょう。1章は、アイデアのヒントを見つける「観察」の章です。

じつは、アイデアをつくるためには、**「観察」がとても重要**です。

なぜなら、**アイデアのヒントは、「必ず身近なところにある」**からです。

身近なところに転がっているアイデアのヒントを、絶対に見逃さないこと。

これこそが、新商品や新事業をつくる秘訣と言えます。

身近なところとは、あなたの職場やお客様がいる売り場、つまり「現場」のことです。「小さなメモ帳」をポケットにしのばせて、まずは現場をよく観察してみてください。必ずアイデアのヒントが見つかるはずです。

もう1つ。どんなに優れたアイデアも、既存のアイデアの組み合わせにすぎません。

ぜひ、摸倣することを恐れずに、いいアイデアを積極的に参考にしてみてください。

本書で紹介する手順にそって、アイデアづくりをしていけば、あなたも社会的な価値を生み、**人をワクワクさせる面白いアイデア**がつくれるようになります。

人をワクワクさせる商品、サービスを生み出すことができれば、**自然と人もお金も集まってきます**。もしかしたら、収益が上がるだけでなく、あなたに投資したいという人が現れるかもしれません。

つまり、マネタイズできるアイデアをつくるということは、**あなたのファンをつくることでもある**のです。

ぜひ、あなたも、社会的な価値を生み出す、すばらしいアイデアをつくってみてください。本書があなたのアイデアづくりの一助になれば幸いです。

市原義文

Contents

2章

面白そうなことは、なんでも書く

「記録」ノート術

3章 「捨てる」「分ける」「まとめる」

「整理」ノート術

4章 すべてのアイデアは「組み合わせ」

「組み合わせ」ノート術

5章 この「ひと手間」がお金を生み出す「仕上げ」ノート術

1
章

マネタイズのヒントは、必ず「現場」にある

「観察」ノート術

「ラクダ」「冷蔵庫」「ソーラーパネル」で何ができる？

テーマを決める

アフリカの**「ラクダ冷蔵庫」**というものをご存じでしょうか。

背中にこぶがあるあのラクダと、みなさんが毎日使っているあの冷蔵庫。

一見、なんの関わりもなさそうな2つが組み合わさって「ラクダ冷蔵庫」です。

じつはこれ、**「目のつけどころ」が極めて秀逸**なのです。アイデアのヒントを見つける際の「いいお手本」になりますから、まず、この話から始めましょう。

さて、「ラクダ冷蔵庫」というネーミングから、あなたは何を思い浮かべますか？

ラクダが冷蔵庫を背負って、冷たい飲み物を運ぶ姿を想像するでしょうか。

「ラクダ冷蔵庫」とは、私が感銘を受けた社会に貢献するアイデアの1つで、**画期的な「ワクチン保冷輸送車」**のこと。アフリカの村から村へ、伝染病予防のワクチンを運搬するために開発されました。

その名のとおり、ラクダが冷蔵庫を背負っています。冷蔵庫には、太陽光で発電を行なう「ソーラーパネル」がついています。

でも、ふとした疑問が浮かんできませんか。

「なぜ、ワクチンを運ぶのに、わざわざラクダを使うのでしょうか？」

ジープなどを使ってワクチンを運ぶほうが、よほど合理的なように思えます。

しかし、実際には、そのアイデアでは事がうまく運ばなかったのです。

アフリカの大地は、想像よりもはるかに過酷です。舗装された道は少なく、車はたえず故障のリスクにさらされます。野生動物との衝突など思わぬ事故が発生する危険性もあります。車が故障すれば、修理できる人材も技術も道具も必要です。加えて、ガソリンなどの燃料代もかかります。

つまり、アフリカにおいては、**「ジープはワクチン保冷輸送車には適さない」**ことがわかったのです。

「どうすればコストをかけず、安全・確実に、ワクチンを届けることができるのか？」

このアイデアを生み出した関係者は、ジープにかわる輸送手段を必死で考えました。

そして、考えに考え抜いた末に出てきたアイデアが「ラクダ」だったのです。

アフリカの人たちにとって、ラクダは身近な「移動手段」。ジープに比べ、速度はゆっくりですが、故障の心配も少なく、メンテナンス費用もエサ代だけで済みます。

その**ラクダに冷蔵庫を背負わせて、ワクチンを運べばいいと考えた**のです。

問題は、冷蔵庫を稼働させる動力源です。ワクチンは冷蔵して保管しないと、効果が失われてしまいます。ラクダには、バッテリーなどの電源がありません。

さて、どうするか？

思いついたのが、安価で環境にやさしく、すぐ調達できる「ソーラーパネル」でした。冷蔵庫にソーラーパネルを設置すれば、ラクダが移動している間に太陽光から電力を得ることができて、まさに一石二鳥です。

こうして**「低コストで安全・確実に」ワクチンを運搬することを実現**したのです。

「ラクダ冷蔵庫」は、それまで誰も考えつかなかった斬新なアイデアの賜物です。

でも、その元になっている「ラクダ」「冷蔵庫」「ソーラーパネル」自体は、アフリ

アイデアのヒントは身近なところにある

カの人たちにとって、どれもごく普通で身近なものばかりです。

つまり、アイデアというのは、「すでにあるもの」から必ず生まれるということです。

「すでにある」は、「現場にある」と言い換えるとわかりやすいでしょう。

そもそも、この世の中に、ゼロから生み出されたアイデアなど存在しません。

「すでにあるもの同士を組み合わせることで、新しい価値があるものへと生まれ変わらせる――」

それこそが、**アイデアの本質**であり、**アイデアをお金に変える秘訣**です。

ただ、口で言うほど簡単なことではありません。すでに存在するものを、ただ漠然と見ているだけでは、ピンとこないものです。

そこでどうするか？　**「問題意識を持って見る」**ようにするのです。

関係者にとって、ワクチンを輸送する際の問題点は主に2つありました。

1、コストを抑えたい。

2、安全・確実に届けたい。

この2つの問題を解決することが、アイデア実現の「最大のテーマ」です。この問題意識を持つことによって、関係者の「ものの見方、考え方」はガラッと変わりました。

そして――。普段、何気なく眺めていたはずの「ラクダ」と「冷蔵庫」が、ある日突然、特別な存在として目の前に浮かび上がってきたわけです。

アイデアのヒントは、つねに「現場」にあふれています。

アイデアのヒントは、つねに「問題意識の備わった視点」から見つかります。

今、あなたの職場で発生している問題はなんでしょうか？

今まで、見過ごされてきた問題はありませんか？

まずは、それをじっくり観察することから始めてみてください。

ただ、漠然とものを見るのではなく、**自分なりの「問題意識を持って見る」**――。

それだけで、アイデアの糸口となるヒントがどんどん見つかるようになります。

「赤」に関心を持つと「赤いもの」が見えてくる

視野をムリなく広げる

突然ですが、みなさんに質問です。

「今日、会社に来るまでに、赤いパンプスを履いている人は何人いましたか？」

いきなりこんな質問をされたら、あなたは答えられるでしょうか？

これは、ある広告代理店の社員研修で、実際に新入社員が部長から受けた質問です。

こんな突拍子もない質問を受けたら、普通は答えられませんよね。当然、彼も答えられませんでした。赤いパンプスを履いた人が何人いたかなど、まったく気にも留めていなかったからです。

しかし、翌日の彼は違いました。部長に次のように報告したのです。

「今朝は、5人の人が赤いパンプスを履いて、改札出口から会社までのコンコースを歩いていました！」

彼は、部長からまた同じ質問をされることを予想して、「赤いパンプスを履いた人」を注意深く観察しました。だから、「5人」と即答することができたのです。

前日も赤いパンプスを履いた人は何人もいたはずです。でも、彼にはそれがまったく見えていませんでした。しかし、部長の質問を受けて「赤いパンプスを履いた人」を意識したことによって、彼の視界にどんどん入ってくるようになったのです。

物事に**関心を持った途端、これまでは「見えていなかった」ものが、「ハッキリと見えてくる」**という好例です。

私たちは、「関心があるものしか」見えていないのです。だからこそ、アイデアのヒントを見つけるために、みなさんに心掛けてほしいことがあります。

1、まず、関心を持つテーマを決める。
2、そのテーマをメモ帳に書き、毎日見る。
3、そのテーマに関連することは、何でも注意して見る。

何かに関心を持つだけで、アイデアのヒントがつぎつぎ見つかるようになります。

じつは私にも、先ほど紹介した彼と同じような経験があります。

私がローソンで将来の戦略を考える部署の責任者をしていた時の話です。

新事業のアイデアを模索していた私は、ある日、**新浪剛史社長（当時）から、次のミッションを与えられた**のです。

「小売業を脱して、サービス業に転換していくための事業を考えてほしい――」

それは、会社の将来を左右する重要なミッションだということがわかりました。

この日を境に、私は従来の小売業だけでなく、ありとあらゆるサービス業に「強い関心を持つ」ことになったのです。

これまであまり意識していなかった商品やサービス、お客様の動きを注意して見るようになると、さまざまな気づきを得ることができました。

こうして試行錯誤をしながらたどり着いたアイデアが、「**デジタルサイネージを使った情報発信**」です。デジタルサイネージとは、デジタル技術を使い、平面ディスプレイなどに映像や文字を表示した「電子看板」のことです。情報や広告媒体として、現在では各方面で使われています。

当時のローソンは、物販で多くの収益を上げていたため、**「デジタルサイネージを使い、物販以外の新たな収益（広告収入）をつくる」**アイデアが有効と考えたのです。

ただ、問題がありました。

当時（2008年頃）のデジタルサイネージは、大型のディスプレイが主流でした。一辺が10メートル以上あるような大型のLEDディスプレイで、設置場所は地上から数十メートルという高い位置に取りつけるものだったのです。投資額も大きく、1つのディスプレイで1千万円を超えていました。

「さて、どうしよう?」——正直、とても悩みました。ローソンの店舗に、大型ディスプレイを設置することなど不可能だったからです。

ただ、不思議なことに、ディスプレイに関心を持つと、「そもそも人の目線はどうなっているのか」といった、本質的なことに自然と意識が向くようになったのです。

こうして、ディスプレイと人の目線の両方を意識しながら、街中をあちこち見て回るようになると、**突然、あることに気づいた**のです。

街中を歩いている人の多くは、下を向いて歩いている――。

この発見を、私は興奮しながら小さなメモ帳に書き留めました。

今でこそ、駅の構内、百貨店の入口などで「目線」の高さに近いデジタルサイネージを見る機会は多くなりましたが、**当時はほとんど存在していなかった**のです。

こうして、いくつかのヒントをもとにアイデアを形にしていき、最終的に「**足元目線のメディア**」という事業アイデアにたどり着きました。今では一般的になった「**デジタルサイネージ広告の先駆け**」として、新しいサービスを世の中に生み出すことができたのです。

新浪社長からミッションを与えられ、「関心を持って世の中を見なければ」、新しいアイデアにつながるヒントを見つけることはできなかったと思います。

私たちは、「関心があるものしか見えていない」ということです。

まずは、何か気になることに**関心を持ち、意識を向ける**こと――。

それが、アイデアのヒントを見つける第一のコツです。

「関心を持つ」と、ヒントが見えてくる

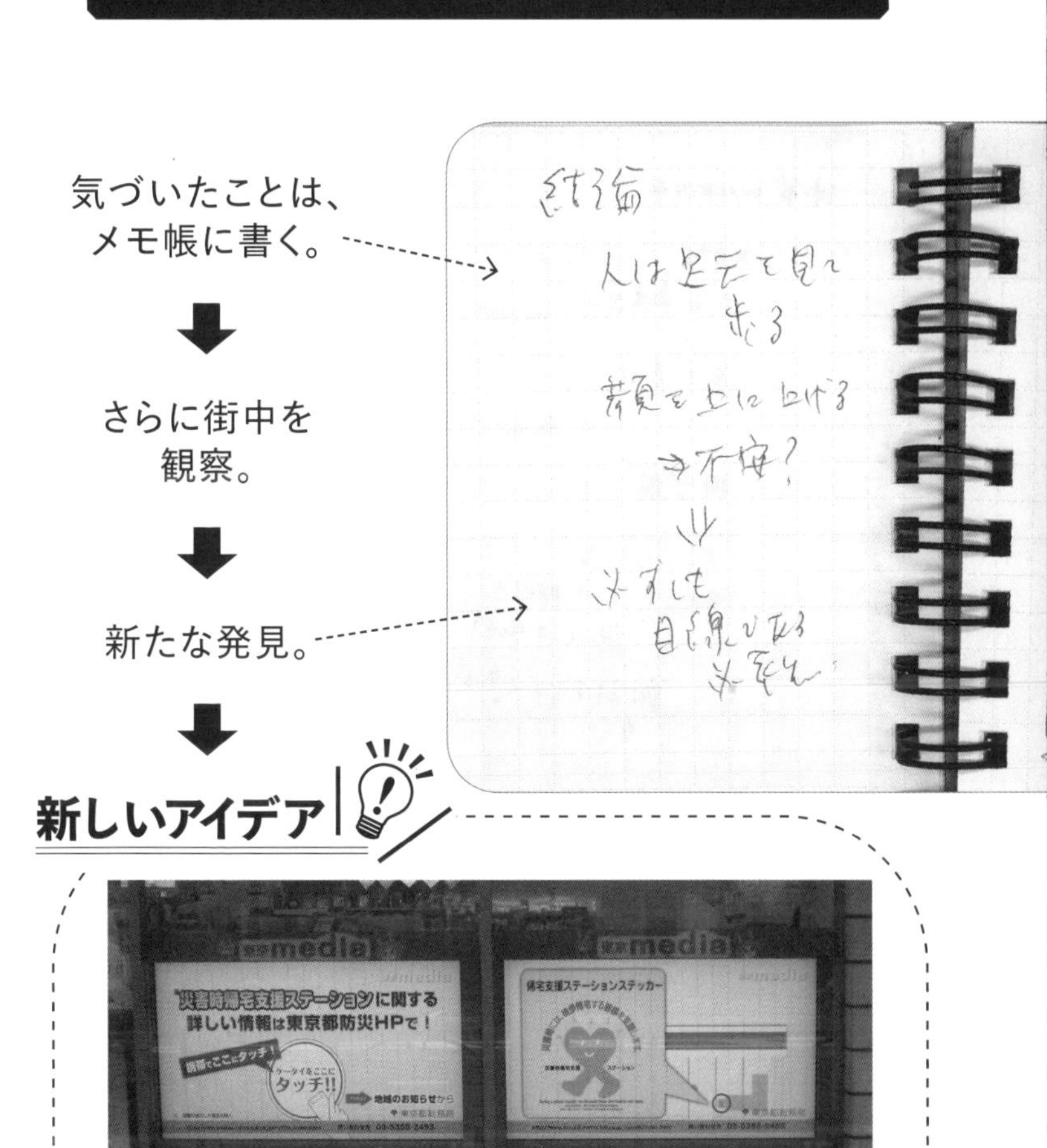

デジタルサイネージ広告

頭を柔らかくする「ペットボトル」とは？

思い込みに気づく

今から10秒間差し上げますので、**ペットボトルの絵を描いてみてください。**

1、2、3、…………9、10。

はい、時間です。みなさん、描けましたか？

私は、これまで1000人以上の方に、マーケティングや経営の講義をしてきました。これは、毎回その講義の冒頭で受講生の方に必ずする問いかけです。

面白いことに、ほぼすべての受講生の方が同じようなペットボトルの絵を描きます。

35ページの上の図をみてください。

「えっ、これ以外に何があるの」と思いましたか？

たしかに間違いではないのですが、正解とも言い切れないのです。

冒頭の問いかけは、「ペットボトルの絵を描いてみてください」というものでした。**「横から見た絵」とは、一言も言っていません。**ペットボトルを上から見た絵でも、下から見た絵でも、斜めから見た絵でも構わないはずです。

にもかかわらず、多くの人は、ペットボトルを横から見た絵を描いてしまうのです。

ここでお伝えしたいのは、「○○は●●である」と**自動的に物事を解釈し、それが当たり前と思い込んでいることが多い**、ということ。「それが当たり前」と思い込んでしまうと、それ以外のことが目に入らなくなり、思考停止に陥ってしまいます。

それでは、「新しい視点」から見た、「新しい解釈」が生まれる余地はありません。

新しい視点を得るには、一瞬でいいので立ち止まり、自分の解釈を疑ってみることが大切です。「○○は●●である」とは別の視点――「○○は△△でもある」「○○は■■でもある」――といった、これまでとは違う見方や表現の仕方はないかと、自分の解釈（思い込み）を疑う姿勢が必要なのです。

これが、**「ペットボトルを上から見る」視点を持つ**ということです。

私がローソンの業務改革プロジェクトの責任者をしていた時の話をしましょう。

このプロジェクトは、全店舗のＰＯＳレジ刷新に合わせて全社の業務やシステムを見直す大規模なものでした。その中に**「Ｌｏｐｐｉ事業」の刷新**も含まれていました。

Ｌｏｐｐｉ（ロッピー）とは、ローソンの店舗内に設置されているマルチメディアステーションと呼ばれる端末のこと。この端末を使って、チケット販売やグッズ販売、保険加入などのオンライン取引を行なうことができます。

当時は、パソコンやモバイル端末を使ってのＥＣ（電子商取引）が少しずつ広がり始めた時期でした。パソコンやモバイル端末と比較すると、Ｌｏｐｐｉはどうしても不便なところもあって、売上や利益が減少し続けていたのです。

そのような状況でしたので、まず私は、このＬｏｐｐｉ事業を**継続するのか、撤退するのか**という議論から始めました。

事業継続に「賛成」「反対」と侃々諤々（かんかんがくがく）の議論が続きましたが、会議の結果、Ｌｏｐｐｉ事業はシステムなどすべてを刷新し、今後も継続することが承認されました。

とはいえ、売上や利益が減少している状況を何とか改善しなければなりません。刷

あなたがイメージするペットボトルは?

多くの人は、これをイメージ——

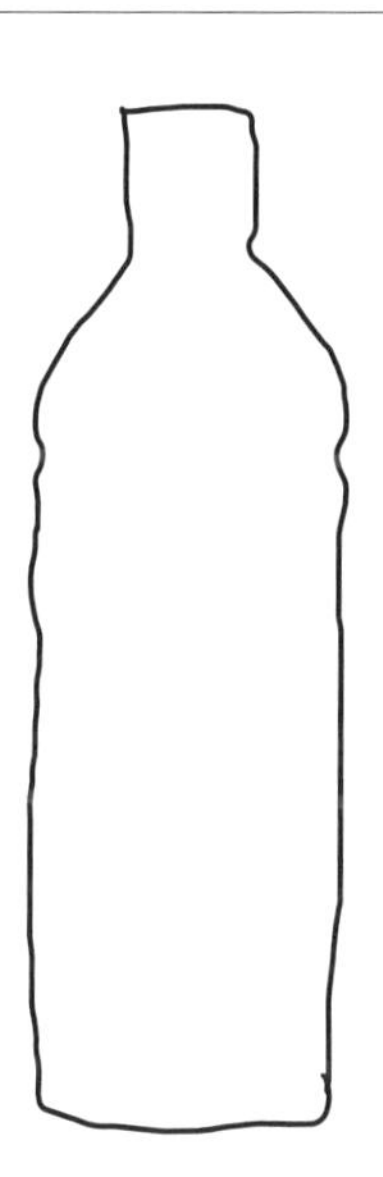

上から見ると——

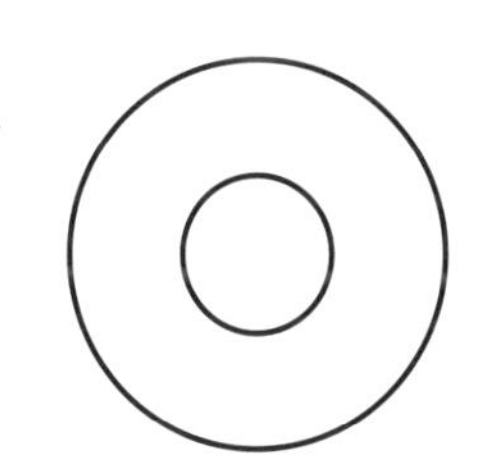

新に向けた議論は、その前提を踏まえたものでなければなりませんでした。

ところが、プロジェクトメンバーによる議論は違いました。「コンテンツをいかに増やすか」に終始していたのです。

なぜ、そうなってしまったのか、理由は明白でした。ローソンの内部に浸透していた2つの**社内常識（思い込み）**にとらわれていたからです。
1、お客様は、放っておいてもＬｏｐｐｉ端末の前にやってくる。
2、色は「青」であるべし。
そこで、私は、この2つの社内常識に、思いきって疑問を投げかけました。

「Ｌｏｐｐｉのことを知っている人は少数ではないのか？　知らない人がＬｏｐｐｉ端末に気づく可能性は少ないので、結果的に端末の利用者も少ないのではないか？」

「そもそもＬｏｐｐｉ端末は、**なぜ青色なのか？　赤のほうが目立つのではないか？**」

ローソンの店舗カラーは青色です。店内のあらゆるところに青が使われています。Ｌｏｐｐｉ端末の色も青だったため、店内で埋もれてしまい、お客様がＬｏｐｐｉの存在に気づかないのではないかと思ったのです。気づかなければ、誰も立ち寄らないし、「ついで買い」もありません。つまり、議論しても無意味だと思ったのです。

私が投げかけた疑問は、ローソン内部に大きな波紋を呼び起こしました。反対者続出で、まったく議論にならない状況に陥ったのです。

しかし、この波紋は意外な形で収束します。偶然、新浪社長が会議室に入ってきたのです。「何を議論している？」と聞かれた私は、事の経緯を説明しました。

「赤色、いいじゃない。店内で目立っていいね。それで行こう」

新浪社長は**「これまでとは違う視点で見直さなければ、この事業の成長はない」**という議論の本質をとっさに見抜いたのでしょう。ものの5分程度で、決着したのです。

こうして、Ｌｏｐｐｉの色を赤に変えたことも功を奏し、チケットやグッズなどの**売上減少傾向に歯止めがかかり、プラス傾向に大きく変わっていきました。**

「ペットボトルを上から見る」視点を持つ——。

この重要性がおわかりいただけたでしょうか？

これまでの常識を見直すことには勇気が必要です。でも、勇気を持って視点を変えてみることで、新しい気づきやアイデアが見えてくるのです。

どんな商品でも「お客様が買う理由」は２つしかない

お客様を中心に考える

私は、これまでサラリーマン時代も含めると、10以上のさまざまな業界で仕事をしてきました。そして幸運なことに、それぞれの業界で一定の成果を上げてきました。

家族や友人からは、「よく知らない業界で仕事できるね」「どうしてその会社で仕事するの？　大変じゃない？」などと心配されることがよくあります。

たしかに、違う業界で仕事をすることは簡単ではありません。特有の用語や商習慣、常識があり、それがわからないと、痛い目にあうこともしばしばだからです。

その一方で、こうも思います。

商品やサービスが違ったとしても、**お客様の「購入プロセス」は変わりません。**

だとすると、業界が違っても、すべき仕事に大差はないはずなのです。

たとえば、お客様が、商品やサービスを購入する時の動機を考えてみましょう。

ごくシンプルに考えると、次の2つに集約できます。

1、今、困っていることを解決したい。
2、満足したい。

お客様が支払える金額には限度があります。その限度内であり、**「商品やサービスが支払いに値する価値がある」と納得すれば買う**ということです。

つまり、お客様の「購入プロセス」というのは、

「困っていることを解決してくれる（満足させてくれる）商品・サービスを、支払ってもいいと思える金額で提供してくれれば買います」

ということになります。これって、何かを買う時には、すべて当てはまりますよね。

そうです。これはどんな業界にも共通するお客様の「購入プロセス」なのです。

では、商品やサービスを提供する側が考えなければならない**「提供プロセス」**は、

どうでしょうか?

1、お客様が困っている(満足したい)ことは何か?

2、どのような付加価値をつければ、お客様は選んでくれるか?

3、適正なコストで実現できるか? 利益を残せるか?

この3つを考えるのです。これまたシンプルですね。まとめると、「お客様が困っている(満足したい)ことをきちんと把握して、自分たちの商品・サービスの付加価値に、お金を払ってもらえるかを考える」ということになります。これが、**まさに私たちがすべきこと**なのです。

「お客様が困っている(満足したい)ことをきちんと把握して」ということが先に書かれていることがポイントです。

この「提供プロセス」も至極当たり前に聞こえるかもしれません。

しかし、実際には、お客様のことを考える前に、商品やサービスをどうしようかと考える人はとても多いのです。

私が異なる業界で仕事をする時は、この「購入プロセス」と「提供プロセス」を念頭におきます。そこに、業界特有の事情をつけ足していくことで、その会社や仕事内容などを理解していくようにするのです。

幸運にも、私が一定の成果を出し続けてこられたのは、それを徹底してきたからだと思います。

仕事のプロセスが基本的に同じであるのなら、業界に関係なく、アイデアのヒントを探すことができます。

アイデアのヒントは、自分の業界だけでなく、あらゆるところに隠れているのです。自社が属する業界や競合他社に制限する必要はまったくありません。

ぜひ、その前提でさまざまな企業の成功例を「観察」してみてください。アイデアのヒントがつぎつぎ見つかるはずです。

Pontaカードは、この「問い」から生まれた

本当に必要な情報を探す

みなさんは、**「質問」と「問い」の違い**をおわかりでしょうか？

「それが、アイデアとどういう関係があるの？」と思われましたか？

じつは**大いに関係する**のです。

「質問」と「問い」——この2つの言葉には、「知りたいことを尋ねて聞く」という意味合いがあります。その意味では、どちらも同じです。

ただ、それぞれが知ろうとする内容や目的には、大きな違いがあります。

「質問」とは？

・「何歳なのか？　趣味は何か？」のように**決まった答え**がある。

・正解や事実を決定しようとする行為。

「問い」とは?

・「人生の問い・本質的な問い」のように**決まった答えがない**。
・相手や自分の内側にあるものを引き出そうとする行為。

こう比べてみると、「質問」と「問い」は、同じ意味合いを持ちながらも、その目的はずいぶん異なることがおわかりいただけるでしょう。

私は、アイデアのように、決まった答えがないものを考えるには、「質問」ではなく**「問い」が重要なきっかけになる**と考えています。もっと具体的にいうと、「問い」とは、「本当に必要な情報」を探すためのきっかけのことです。

じつは会員数1億人を超え、国内最大規模のポイントカードに育った**「Pontaカード」は、この「問い」の繰り返しで実現できたアイデア**なのです。

ローソンでは、「Ｐｏｎｔａカード」を導入する前に、独自のポイントカードを発行・運営していました。「ローソンポイントカード」です。２００７年頃で、約７００万人の会員がいました。

当時、私は、ローソン全体のマーケティング戦略を統括する部署の責任者になったばかりでした。よく耳にしたのが、「ローソンポイントカードは、フランチャイズオーナーから評判が悪い」という話でした。

そこで、まず私は、現場（店舗）へ調査をしにいくことにしました。**お客様商売のヒントは、お客様に近いところにしかない**からです。

予想通り、フランチャイズオーナーたちからは、忌憚（きたん）のない意見を聞くことができました。「手間やコストの割りに、効果を実感できない」というのです。

なぜ、そのようなことになってしまったのでしょうか？

その原因をつかむためには、「本当に必要な情報」を明確にする必要があります。

そこで、「問い」の出番です。この時は、次のような問いを立てることにしました。

「なぜ、お客様は、ポイントカードをつくらないのか？」

「なぜ、ポイントカードをつくったのに、お店に行かないのか？」

このような「問い」をメモ帳に記入して、本当に必要な情報がわかるまで問い続けるのです。

そして、大切なのはお客様がいる「現場」に行くことです。

この時は、お客様がいるローソンの店舗に足を運び、直接、お客様に（アポなしで）ヒアリングを試みました。

「なぜ、ローソンポイントカードを持っている（持っていない）のですか？」

「なぜ、他社のポイントカードを持っているのですか？」

時には、こんなことまで聞くこともありました。

「財布の中を見せていただけませんか？」

今、思い返すとずいぶんと失礼なことをしたものだと思いますが、当時はお客様のことが知りたい一心で必死だったのです。

こうして「問い」を立てたうえで、現場でお客様の意見を聞くと、また新たな「問い」が生まれてきます。

「お客様が、財布の中に入れたいのは、どういうポイントカードだろう？」

「そもそも、ポイントカードのメリットは何だろう？」

結局、お客様にとって、明確に、一言で、「役に立つ」「便利である」と言える商品やサービスでなければ生き残れません。

繰り返し「問い」を立てることによって、ローソンポイントカードをイチから見直す必要があるという、**「本当に必要な情報」**にたどり着くことができました。

これがきっかけとなり、24時間365日使えて、いつでも財布に入っている（今はスマホのアプリとしていつでも使える）ポイントカードにしていくという発想につながったのです。

こうして生まれたアイデアが、「Ｐｏｎｔａカード」です。

みなさんも「問い」を立てて、**メモ帳に記入して、意識し続ける**ようにしてみてください。それまで「見えていなかったこと」が、突然、「見えてくる」ようになります。

その積み重ねが、今までなかなか思いつかなかった斬新なアイデアにつながっていくのです。

国内最大!「Pontaカード」誕生の瞬間

「問い」を立てる

? なぜ、お客様は、ポイントカードをつくらないのか?

? なぜ、ポイントカードをつくったのに、お店に行かないのか?

本当に必要な情報がわかるまで問い続ける。

! **ローソンポイントカードを見直す必要がある!**

「Pontaカード」誕生!

「一目惚れをメモした」結果、利益13倍アップ！

ワクワクを大切にする

それを見た瞬間、**「体温が0・2度上がるかどうか」**——。

私は面白いアイデアのネタを探す際に、この感覚をとても大切にしています。

0・2度上がるというのは比喩的な表現ですが、**一瞬で興奮して体温が上がるような感覚**、別の表現をすれば「**一目惚れ**」のことを指しています。

一目見た瞬間、恋に落ちてしまうあの感覚。経験をしたことがある人はわかるでしょう。その瞬間、目は大きく見開き、心臓はバクバクし、手に汗をかいたりします。

一目惚れは、なにも人に限らず、「物」や「商品」に対しても起こります。洋服、靴、バッグ、クルマ……見た瞬間、とりこになってしまったものがあるはずです。ずっと探していたものが目の前に現れた時もそうかもしれません。

これが、まさに「体温が0・2度上がった」状態です。

ワクワクやドキドキする時、人は興奮状態にあります。脳からアドレナリンが大量に分泌されるため、心拍数や血圧が上がり、体温が上がるのです。幸福感を感じている時も同じです。脳から快楽や多幸感を得られるドーパミンが分泌されるので、やはり体温が上がるのです。

私は、この**「体温が0・2度上がる」ような感覚がアイデアにつながる**と考えています。その瞬間に感じた興奮や喜びをアイデアとして活かし、他の人の体温も上げてみたいと思うからです。

フォークリフトなどの産業機械を製造販売するユニキャリア（現・三菱ロジスネクスト）という会社にいた時のことです。

フォークリフトというのは、物流の倉庫などで荷物などを移動する時に使われる荷役運搬車両のことです。世界中にさまざまなメーカーがあるのですが、性能も形状などにそれほど違いはなく、**差別化の難しい商品**なのです。

私は、日頃から何とかして差別化できる商品をつくりたいと頭を悩ませていました。

そんな時に偶然出会ったのが、上野動物園の金色の建築物でした。これは、「サーラータイ」と呼ばれるタイ独特の屋根や装飾が施されたタイの代表的な建築物です。金色に輝く外観――。あまりの壮麗さに、私は一瞬で心を奪われました。まさに一目惚れ。一気にテンションが上がり、体温が0・2度上がる感覚を味わったのです。

私は思わず、「こんな色のフォークリフト、つくれないでしょうか？」と、一緒にいた同僚につぶやいていました。これが新たな商品のアイデアが浮かんだ瞬間です。

このアイデアは、フォークリフト**業界初の「メーカーが品質を保証する新しい中古車（認定中古車）」**として商品化され、爆発的な売上を記録しました。

この商品を契機に、たった2年で、**事業部全体の売上は約9倍、利益は約13倍**と、会社に大きな売上と利益をもたらすことができたのです。


みなさんにも、ぜひやっていただきたいことがあります。

アイデアを考える前に、まずは、あなたが**「解決したいこと」「何とか乗り越えた**

いこと」を、忘れないように、メモ帳に書いておいてください。いつでも意識を向ける状態をつくり出しておくのです。

同時に、ほんの些細なことでもいいので、「**ワクワクしたこと**」「**興奮したこと**」をメモしておいてください。自分が「何にワクワクしているか」「何に興奮し、幸福を感じているか」をわかるようにしておくのです。

これを続けていくと、あなたにも必ず「体温が0・2度上がる瞬間」があることがわかるはずです。

まずは、**その瞬間に気づくことが大切**です。

それができたら、次のステップです。

今度は、ほかの人はどうなのかを考えてみましょう。自分が感じたことを、身近にいる同僚や後輩に伝えてみて、他人の感覚を理解していくようにするのです。

身近にいる他人の感覚を理解し、それを拡げていくことこそが、自分が関わるマーケット全体の理解へとつながっていくのです。

「他社の成功事例」の中に、意外な宝がある

優れたアイデアに学ぶ

みなさん、アイデアを1人で考えようとしていませんか？

もしそうだとしたら、目先を変えてみましょう。1人で考えるのは苦しい作業ですし、なにより非効率だからです。

じつは、アイデアのヒントを見つけるための、効率的でいい方法があるのです。

その前に、まずはしっかりと頭に入れておいてほしいことが2つあります。

・世の中に、まったく新しいアイデアは存在しない。
・アイデアのヒントは身近なところにあふれている。

多くのアイデアは、**「すでにあるもの×すでにあるもの」**、もしくは、**「すでにあるもの×少しこれまでと違うもの」**の組み合わせでできています。

この章の冒頭で紹介した「ラクダ冷蔵庫」は、「すでにあるもの×すでにあるもの」を組み合わせて成功した典型的な例です。

「電動アシスト自転車」も同じです。「自転車×小型モーター×小型バッテリー」、全部すでにあるものを組み合わせたアイデアです。

アイデアのヒントはつねに身近なところに潜んでいます。でも、残念なことに、そのヒントになかなか気づけないのは、「関心を向けていないから」。それに尽きます。

では、どうすればいいでしょうか？

簡単で効率的なのは、**他社の成功事例を参考にする**ことです。

自分がいる業界、ほかの業界に関係なく、いろいろな企業の成功事例の研究をすることが、アイデアのヒントを得る近道となります。

他社の成功事例を参考にする際のポイントは２つあります。

1、「自社の状況やレベルに合った対象を選ぶ」こと。

自社の売上や利益の規模と大きくかけ離れているような企業ではなく、似たような規模の企業を探します。従業員数や、対象としている顧客層なども似ているとさらにいいです。世界的に著名だとか、急速に業績を伸ばしている企業などを参考にしたくなりますが、自社の状況やレベルを冷静に分析し、対象を選びましょう。

2、「現在の状況を理解する」こと。

「現在の状況を理解する」とは、比較対象となる企業の課題や進もうとしている方向、戦略などを観察し、理解するということです。たとえば、顧客情報を積極的に活用し、来店客数を増やそうとしているとか、商品開発にもっと活かしていこうとしているなどです。

私はこの方法で問題を解決し、アイデアにつなげてきました。

ローソンで「Ｐｏｎｔａカード」のシステム設計に携わっていた時もそうでした。顧客やその購買情報などのデータ量が膨大になってしまい、このままいけば、近い

アイデアのヒントを見つけるコツ

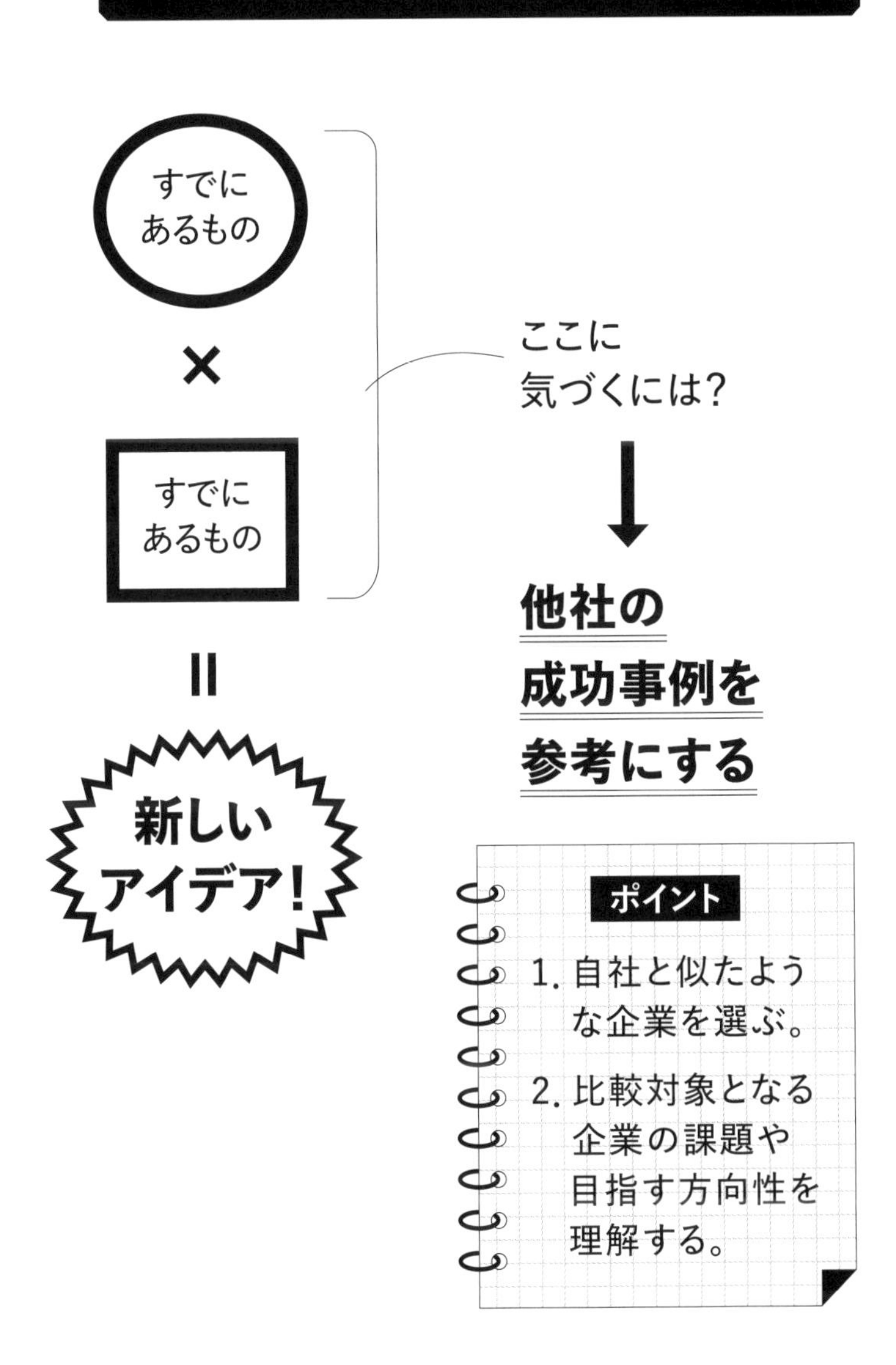

将来、システムの運用に大きな支障が出ることが予想されました。

とはいえ、1人で考えてもいい解決策が思い浮かばず、途方に暮れた状態でした。

そこである日、**他社・他業界にまで視野を広げて、調査**をすることにしました。すると、ある企業の取り組みが何かのヒントになりそうだと気づいたのです。

その企業とは、人気ファストフード店の「モスバーガー」でした。当時、日本では珍しかった最新のデータベースを導入していたのです。

私は思いきって、モスバーガーのシステム開発担当者に相談をしてみることにしました。モスバーガーには知り合いが1人もいませんでしたが、**ダメもとでアポを取ってみた**のです。すると、幸運にもお会いしていただけることになりました。

お互い初対面でしたが、私が困っている事情を説明すると、支障のない範囲で貴重なアドバイスを話してくださったのです。

このアドバイスがヒントとなり、ようやく解決の糸口を見つけることができました。

私が、モスバーガーの担当者に相談をしようと決めたのは、先に挙げた2つのポイントを満たしていたからです。

ローソンとモスバーガーの顧客層は比較的似ていたので、「自社の状況やレベルに合った対象」として参考になるだろうと考えました。

また、「現在の状況を理解する」についても、顧客分析を積極的に進めたいなど、**ローソンが抱えていた課題や背景と重なることが多かった**のです。

モスバーガーの方とお会いしたのはこの1回だけでしたが、あの面談がなければ、Ｐｏｎｔａカードは、今とは違ったものになっていたかもしれません。

このように、自社の業界とはまったく異なる、**他業界の成功事例には、アイデアのヒントが山ほどあります**。

この項目で紹介した、「自社の状況やレベルに合った対象を選ぶ」「現在の状況を理解する」という2つのポイントを押さえながら、ぜひ、他社・他業界の成功事例をよく観察してみてください。

「マックの広告」にマネタイズのヒントがあった

お客様の目線を知る

テレビCM、新聞広告、web広告……広告にもさまざまな種類があります。

じつは広告は、**「お客様目線を知る」ための最適なツール**の1つです。

広告を見れば、その企業が、どのようにお客様をとらえているのかを知ることができます。さらに、その広告を通じて、お客様目線を想像することもできるのです。

広告から「お客様目線を知る」ポイントは3つあります。

・どのようなお客様に対する広告か？
・何を伝えようとしているのか？
・なぜ、今、広告を出すのか？

そう言われても、具体的にどうすればいいのか、わかりにくいですよね。

そこで、**「マーケティングの4つのC」**というものがあります。これを使って広告を見ると、「お客様目線」というものが見えてくるのです。

4つのCとは、次の4つの言葉の頭文字をとったものです。簡単に説明してみます。

1、Cost（コスト）

お客様が商品やサービスを購入・利用するために支払う**お金**と、**手間**や**時間**、**精神的な負担**などを含めます。コストの高い・低いは、金額の絶対額だけでなく、商品やサービスの価値とのバランスによって変動します。

絶対額が高くても、付加価値がそれ以上だと感じれば、けっして高いとは思われません。一方、いくら安くても、付加価値がなければ、安いとは感じてもらえません。

2、Customer Value（お客様にとっての価値）

お客様が価値を感じることがカスタマーバリューです。機能性だけではありません。

ターゲットとしてお客様の気持ちの奥底に潜んでいる**「不安」や「不快」などを解消できるか**が重要です。

3、Convenience（入手のしやすさ、便利さ）

お客様がコストとカスタマーバリューの次に考えるのは、「購入しやすいのか、利用しやすいのか」、つまり、**「入手のしやすさ」**です。実店舗だけでなく、オンラインショップはあるのか、支払い手段は現金以外に多様か、などです。

4、Communication（コミュニケーション）

お客様との関係性をいかに強めているのかという視点です。テレビCMよりも、Web広告は、お客様と企業の双方向でのコミュニケーションがしやすいメディアです。コメントやアンケートなどを活用することで、お客様の意見を収集しやすいですし、反応を短時間でダイレクトに感じることができます。

私は、以前、ネットで見た日本マクドナルド社の「ベーコンポテトパイ」の動画広告にとても興味を抱きました。この商品の発売は古く（1990年発売で、あまり変化していない）、なぜ今さらこの商品を打ち出したのかに興味が湧いたのです。

試しに、4Cで分析してみましょう。

まずはCost。税込150円という低価格と、変わらない味が売りの商品です。**安心と懐かしさ**を感じる40～50代がターゲットの可能性があります。

次に、Customer Value。お客様は、キャンペーンを通じてこの商品を知ることになるでしょう。90年代から変わらない商品ということは、**90年代に関心がある若い層**（10～20代）にも興味を持ってもらえそうです。

そして、Convenience。マクドナルドは、自社の配送サービスを含め、ウーバーイーツや出前館など、多様なアクセス手段を使えます。実店舗だけでなく、**さまざまな販売チャネルに慣れ親しんでいるお客様層に訴求**しているように見えます。20～30代を中心に幅広い層がターゲットになりそうです。

最後に、Communicationです。コロナ禍が続いたことで、新しい話題がほしいお客様は少なからずいます。このキャンペーンで、お客様は昔よく食べたこの味を新たな話題としたいと思うはずです。同世代間の**オンラインコミュニケーショ**

ンが得意な層、つまり、20～40代がターゲットであろうと考えられます。

まとめると、この広告は次のようなことが言えるのです。

（どのようなお客様に対して） 10～50代までの幅広い層に訴求しています。90年代を懐かしく感じる層と、90年代を目新しく感じる層の両方に伝える仕掛けです。

（何を伝えようとしているのか） 多様な販売チャネルを使い、テイクアウトなどの便利さや新たな話題を提供して、オンラインコミュニケーションの活性化を狙っている。

（なぜ、今、広告を出すのか） コロナ禍で閉塞感にあふれていた時期だからこそ、安価に、目新しい話題を提供できる効果的な広告だということが考えられます。

もちろん、これは**仮説**です。それでも、他社の広告を分析することで、その時、その企業が考えるお客様目線を想像することはできるのです。

ネット上には、動画広告があふれています。ぜひ、４Ｃを使って、その広告からお客様目線を想像してみてください。

「タテヨコ展開」で視野を広げよう

思考をムリなく広げる

アイデアのヒントが見つからなくて困っている人に、おすすめの方法があります。**1つの発見から発想を拡げていく「タテヨコ展開」**です。

1つの事実（現象や現状）を見つけたら、それを起点にヒントになりそうなことをタテ（whyの視点）、ヨコ（otherの視点）の両方から発想を拡げていくのです。

「**whyの視点**」は、ある事実に対して、**なぜそうなのかと深掘り**（タテ展開）をして、「仮説」を立てること。その事実がなぜ起こっているのかを想像し、仮説を立てていくことは、アイデアのヒントを拡げていく際にとても役に立ちます。

「**otherの視点**」は、ある事実に対して、ほかにも**似ているケースはないか**と考えて、発想を拡げること（ヨコ展開）。otherの視点で発想を拡げる際は、違う企業や違う業界などにも対象を拡げ、制約を設けないことがポイントです。

ちょっと前にブームになった「**高級食パン**」を例にして説明しましょう。

高級食パンとは、一斤で1000円前後と、普通の食パンの何倍もの価格で販売されているものです。原材料や製法にこだわり、耳まで柔らかく、そのまま食べてもおいしいという触れ込みで話題になりました。

高級食パンは全国的な一大ブームとなったわけですが、2020年頃がピークで、2年後にはかなりブームが下火になったと言われました。

なぜ、こんな短期間でブームが去ってしまったのでしょうか?

一緒に考えてみましょう。まずは、「why の視点」で深掘りしてみます。

そもそも、なぜ高級食パンはこれほどまでに流行ったのか?

それは、「商品の高級コンセプト」と「お客様のニーズ」が合致したからです。

商品のコンセプトから考えると、買えるところが少ないという希少性や目新しさ、原材料や製法のこだわりなどがあります。加えて、消費者の「プチ贅沢(ぜいたく)への欲求」という時代が要請していたニーズと重なったからだと考えます。

では、なぜブームが終焉したのでしょうか?

それは、**「高級」と言われる要素がなくなった**からなのです。

競合の乱立は、出店ラッシュにつながり、希少性や目新しさは失われます。

なぜ乱立できるかと言えば、売り手側がこだわっていたはずの原材料や製法は、じつはそれほど特別なものではなかったということです。

また、安易なFC(フランチャイズ)展開にも問題はありました。出店ラッシュにより1店舗あたりの収益は下がってきます。すると経営が厳しくなるため、過度なコスト削減が行なわれ、高級な商品を扱うに値しないような店舗が増加します。

お客様はすぐに見抜きますので、ますます来店客が減る悪循環につながりました。

つまり、**高級を維持できる参入障壁を十分つくっていなかった**と考えられるのです。

このように、ある事実を深掘り(タテ展開)していくことで、これまで想定しなかった新たな仮説が出てきます。この新たな仮説を生み出し、発想を拡げていくのが、「Whyの視点」なのです。

次に「ｏｔｈｅｒの視点」ですが、高級食パンの事例から、似ている事例はないかと、ヨコ展開し、他業界を考えてみます。「からあげ」ブーム、「パンケーキ」ブーム、「タピオカ」ブーム……ほかにもいろいろあるでしょう。

ただ、ブームが去ったからと言って、すべての事業者や店舗がなくなってしまったわけではありません。ブーム終焉にかかわらず生き残っている店舗はあります。

たとえば、**パンケーキ**。東京原宿にある、「Ｅｇｇｇ'ｎ Ｔｈｉｎｇｓ原宿店」は、ブームの発祥地と言われていますが、**今でも聖地としてお客様の行列**ができます。

ここもＦＣ展開をしていますが、少しずつ店舗を増やすなど、堅実な店舗展開をしています。商品も定番だけでなく、Ｅｇｇｇ'ｎ Ｔｈｉｎｇｓというブランドを崩すことがなく、かつ目新しさを味わえるような新商品が毎月追加されています。

ブームを超えて継続するには、やはり理由があるのです。

このように、１つの事実からタテヨコ展開で発想を拡げていくと、アイデアのヒントが見つかる機会も大きく拡がります。

ぜひ、あなたも、タテヨコ展開を使って発想を拡げる練習をしてみてください。

2
章

面白そうなことは、なんでも書く

「記録」ノート術

マネタイズは「小さなメモ帳」から始まる

メモ魔になる

アイデアをつくる際の流れは「拡げる→絞る」の2つ——とてもシンプルです。拡げるとは、アイデアのヒントを「見つける」ことでしたよね。1章では、その見つけ方を「観察」と称して説明してきました。

2章では、観察で見つけたヒントを「記録」する方法について説明します。

アイデアをつくり、ひいてはお金に変えていくためにも、まずはアイデアのヒントを数多く集める必要があります。観察をして気づいたことがあったら、忘れないうちに「記録すること」が肝心なのです。

その意味で、**記録には「小さなメモ帳」が最適**です。

いつでも携帯して、気づいたことがあったらすぐに書けるように、胸ポケットに入るくらいのサイズ感がいいと思います。

ちなみに、私は、ロルバーン社のメモ帳を使っています。商品名は、**「ロルバーンポケット付メモ　ミニ」**というものです。いろいろな色の種類がありますので選択肢も多く、選ぶ楽しさがあることも気に入っている理由の1つです。

サイズはA7。タテ105ミリ、ヨコ74ミリの小さなものですので、ワイシャツなどの胸ポケットに入りやすいサイズです。

また、リング製本のため、**メモ自体が開きやすく、歩きながらでも書きやすい**メリットがあります。

メモは方眼になっているので、タテヨコの線を描く時に便利なことに加えて、ミシン目入りなので簡単に切り離しが可能です。テープさえあれば、ほかのノートに貼りつけることもできます。さらにクリアファイルのようなポケットもついていますので、ショップカードなどを収納できる点も便利です。

携帯性に優れ、多様な使い方ができる優秀な相棒なのです。

メモ帳の書き方に、決まりはありません。キレイに書く必要もありません。とにかく気づいたことを書くだけです。

私がこだわっていることがあるとすれば、**「紙のメモ帳に手書きをする」**ということだけです。

デジタル機器に手書きのように書くことができる商品もたくさんあります。私も試してみたことがあるのですが、書ける範囲が決められていることや、どうしても携帯性に優れないことから、結局小さなメモ帳に戻ってしまいました。

それでも、スマホなどのデジタル機器も併用しています。写真撮影に使うことが多いですが、あくまでも「メモ帳の補足」という立ち位置です。

それに、デジタル機器に手書きをするよりも、**紙のメモ帳に手書きをしたほうが、記憶の鮮明度がまるで違います**。

手書きのほうが、筆圧や文字の形の違いを生み、どこにでも自由に書けることなどもあって、より五感を刺激するためです。これは、第三者機関の調査でも証明されています。

記録には「小さなメモ帳」が最適!

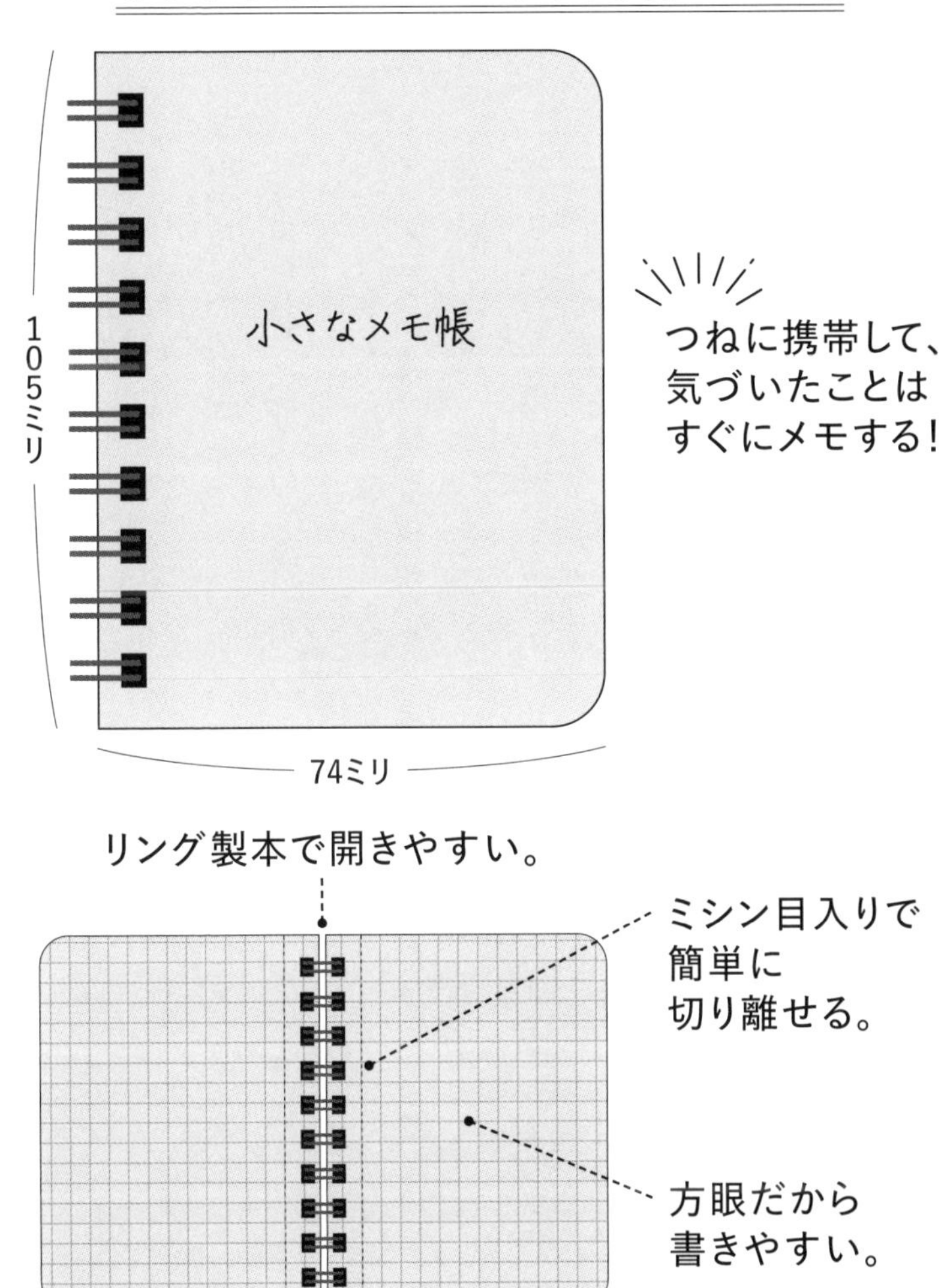

2021年3月に、東京大学大学院総合文化研究科、日本能率協会マネジメントセンター、NTTデータ経営研究所が合同で行なった調査結果を発表しました（「紙の手帳の脳科学的効用について」）。

この発表で私が注目したのは次の2点です。

・スマートフォンなどの電子機器と比較して、紙の手帳を使ったほうが、記憶の想起に対する脳活動が定量的に高くなることを発見。

・教育やビジネスにおいて電子機器が多用される中、記憶力や創造性につながる紙媒体の重要性が明らかとなった。

この調査結果からも、手書きをするメリットがおわかりいただけると思います。

みなさんも、観察して気づいたことは、何でも小さなメモ帳にどんどん記録していきましょう。その**メモ帳は、アイデアを生む大事な宝箱**になります。

書けば書くほど、「アイデアが豊かになる」

考えることに集中

じつは、私は「記憶力」にまったく自信がありません。

その私が、気づいたことをメモ帳に書く理由は、「**忘れるため**」です。

自分なりにテーマを決めて観察をしたり、見聞きすると、頭にたくさんの情報がインプットされます。

でも、すべての情報を記憶することなど、私には到底できません。そこで、あとからインプットした情報を活用できるように、小さなメモ帳に書いたら、いったんは忘れてしまいます。

急に思いついたことがあったとしても、記録をしておけば、あとで思い出せるので忘れてしまっても問題ありません。

私の場合、会議中だとか、面談中だとか、何かほかのことをしている時に限って、ふとアイデアが浮かんだりするのです。正直困ったものですが、記録しておくことで忘れることができるので、会議や面談など、本来すべきことに集中できます。

どのメモ帳に書いたかさえ覚えておけば、殴り書きでもいいのです。

みなさんは、今後の予定や上司からの指示などが、ずっと気になって仕方がない時はありませんか？　どこにも記録せず、記憶に頼ろうとすると、ずっと忘れないようにと気になってしまいます。

そもそも記憶に残そうとすると、頭の中で何度も反芻しなくてはなりません。頭の中で気になっていることがあると、ほかのことは頭に入らなくなってしまいます。

こうなってしまうと目の前の仕事にも影響します。だからこそ、**気になっていることを頭から掃き出して外に出してしまう**、つまり、いったん忘れるためにメモ帳に書いていくことが大切なのです。

頭の中にあることを書き出して、頭の中を整理することを「**ブレインダンプ（ダンピング）**」といいます。

やり方は簡単。**頭の中にあるものを、とにかく紙に書き出すだけ**です。

それによって、余計な考えがメモ帳に移っていき、頭の中に余裕が生まれます。こうして、もっと創造的なことに思考を集中することができるわけです。

私にもこんな経験があります。

オートバイ用品チェーン店ナップスの経営に携わっていた時のことです。

このチェーンは、東京や神奈川など東日本エリアを中心に店舗展開をしていましたが、大阪・名古屋エリアでは知名度が低く、認知に課題がありました。また、東日本エリアとは異なる競合が存在しており、どう展開すべきか見えない状況でした。

悩んだ末に、私は、頭の中にあるものをすべてメモ帳に書き出してみることにしました。気になること、心配なことを書き出し、**頭の中を「見える化」した**のです。

メモ帳にすべて書き出してみると、「1人で何とかしよう」と抱え込んでいたこと、「絶対に成功させなくては」と気負っていたことが、改めて理解できました。

メモ帳に書くことで、自分の正直な気持ちを理解することができると、不思議と気持ちがラクになりました。そして、次にどうすべきかの手立てが浮かんできたのです。

こうして、スタッフ全員で議論をして、さまざまな意見を出し合うことで、新規参入するエリアでは、「地域の歴史を大切にした店舗にする」という新たなアイデアが生まれたのです。

名古屋の南エリアは、江戸時代に「木場」で栄えたことから、「木材」を店舗の内外装にふんだんに取り込むことにしました。

オートバイ用品店の一般的なイメージは、メタリックで硬質なものになりがちですが、木材を使用することで、それとは真逆のアプローチを目指したのです。

結果的に、この取り組みは大成功でした。お客様との会話のきっかけができたことで、お客様との関係性が向上し、リピーターを大幅に増やすことにつながったのです。また、ＳＮＳ等で情報を発信することで、「認知度アップ」という当初の課題を克服することもできました。

みなさんも、アイデアに詰まった時こそ、メモ帳を活用してみてください。

いったん頭の中で考えていることを洗いざらい書き出すことで、**頭の中に空白が生まれ、新しいことを考える余裕が生まれる**のです。

メモ帳で頭を整理しよう

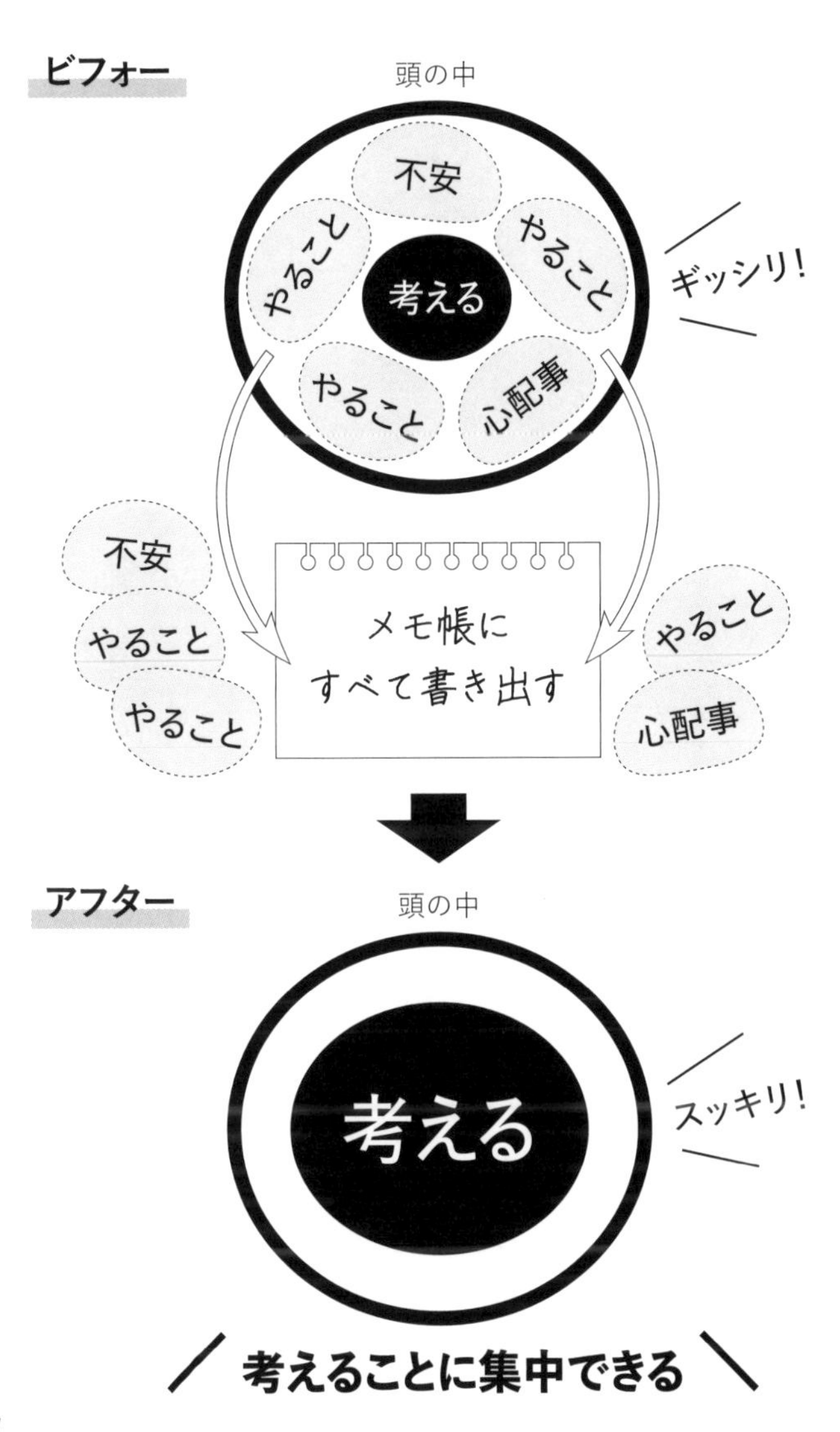

／ 考えることに集中できる ＼

「素直に書く」がネタ集めの基本

第一印象を大切にする

「ノートはキレイに書きなさい」――。

小さい頃、学校の先生にそう言われたことはありませんか？　今でもノートを新調したり、年度が変わったりすると、キレイに書きたくなる人も多いでしょう。

その気持ち、私にはよくわかります。

ただ、今から書くノート（メモ帳と方眼ノート）は、そういうものではありません。キレイに書く必要もなければ、誰かに提出するものでもありません。あくまで自分だけのノートです。

かっこをつけずに、「素直に書く」。それだけでいいのです。

最初の一文字から、気にせず、いつもの自分の文字で気楽に書きましょう。

私がふだん、意識していることは次の2点です。

- **感じたことをそのまま書く。**
- **情報はそのまま書き写す。**

まずは、「感じたことをそのまま書く」についてお話ししましょう。

これは、表現の仕方や文字がキレイかどうかは一切考えず、その時の素直な気持ちを書くということです。ポイントは、**「短い単語で、思いついたまま書く」**こと。

とはいえ、あとで読み返す時に、解読できる程度には書いてください。

強い筆圧や乱れた文字の姿は、その記録を記した時のあなたの気持ちや興奮をそのまま表現する貴重な情報です。それは、文字で書かれた内容以上の情報を伝えてくれるものです。

たとえば、雨が降っている時に外でメモをするとしましょう。ノートが雨に濡れてしわしわになります。文字もにじみます。きっと読み返した時に、そのしわやにじみを見て、「あの時は雨が降っていたから、こう感じたのだな」と、文字に書かれていること以上にそのシーンが甦ります。まさに、**五感を使った情報**になるのです。

次のページに私が実際に書いたメモを掲載しておきます。よかったら参考にしてください。

このメモは、ある店舗に私がはじめて行った時の第一印象を書いたものです。

当たり前のことですが、「初訪問」というのは1回しかありません。2回目以降の訪問では、見たことのある景色が広がっていますので、同じ感想を抱くことは難しい。

だからこそ、はじめて目にした感想を率直に手短に書きました。

本当に「この店にはもう来たくない」と思ったのです。その後は、この最初に感じた素直な印象を大切にし、また来たくなるような店舗になるように、改革を推し進めることになります。

次に、「情報はそのまま書き写す」についてです。

これは、メモ帳ではなく、方眼ノートを使った方法です。アイデアのヒントを集めるうえで、とても有効な方法ですので、参考までにご紹介します。

「素直な印象」を大切にする

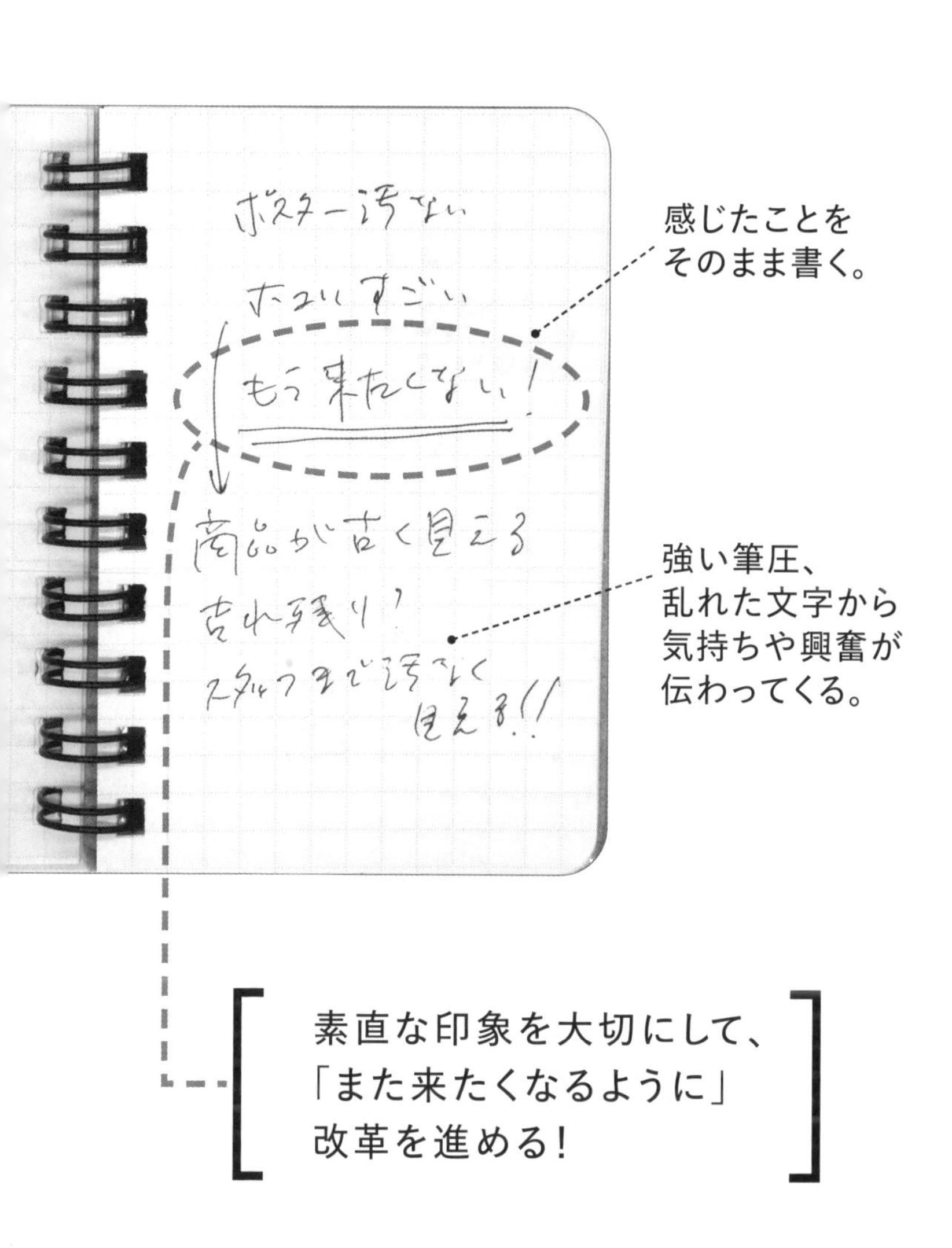

私は、ビジネス書をよく読むのですが、大きく書かれている**図や表、太字や下線が引かれている情報は、なるべくノートに書き写す**ようにしています。なぜなら、その書籍の中で、読者に伝えたい重要なポイントだからです。

そのまま書き写すだけでも、内容への理解が深まり、自分の知識になると思います。気づきをメモすることに比べれば、時間も労力もかかりますが、あとあと思わぬアイデアのヒントにつながったりするので、やってみる価値は十分にあります。

たとえば、私が業務改革をしなくてはならなくなった時に、いろいろなビジネス書を読み漁っていた時に書き写したものがあります。

その本には改革の実践事例がリアルに描かれていて、各章ごとにポイントを整理した図と説明が記載されていました。一度読んだだけではなかなか理解しにくかった内容も、図や表を書き写していくことで、理解が進んだのです。

図や表のいいところは、**一目で全体がわかる一覧性**です。文字ばかりが数ページにわたると、情報過多で頭が混乱することがあります。

みなさんも、本を読んだ時は、図や表をそのまま書き写してみてください。難しい内容でも、少しずつ理解ができるようになります。

ただ、それでもなかなか理解できないこともあると思います。それでいいのです。

じつは、こうして書き写しながら、**「よくわからない」と感じることが大切**なのです。

必ずまた、別の違う機会に、同じ単語や文脈に出合うからです。

「あれ？　この単語、前も見たことがあるな」と思えれば、興味関心の度合いが強くなり、もっと理解しようと思えてくるわけです。

また、繰り返し出合う単語は、その業界や仕事において重要なものであるという気づきにもなります。そこから関連する単語をノートに書き写し、調べていくと、ある時、**思わぬ気づきや発想につながる**こともあるのです。

このように、感じたことはそのまま書き、参考になりそうな情報は、そのまま書き写してみてください。いつの間にか、アイデアのヒントがどんどん集まってきます。

問題点を「キーワード」にしてみる

アイデアのヒントをつくる

アイデアのヒントをメモ帳に書く時は、「キーワード」を使うと便利です。

キーワードとは、「重要な意味を持つ言葉」のことですが、私はもう少し、アイデアに特化した意味でこの言葉をとらえています。定義をすると次のようになります。

キーワードとは、面白いことやワクワクするための「手がかりとなる言葉」のこと。

「観察」を通じて、何かを感じたり、気になったりしたことは、自分なりに「面白そうだな」と反応したということです。ここで感じたことは、問題を解決したり、物事を理解するうえで、重要な手がかりとなる可能性があります。

これは、絶対に忘れてはいけません。

何かを感じたり、気になったりしたことがあれば、すぐにメモ帳に書く。

それも、ダラダラと文章にするのではなく、キーワードにして「一言で書く」――。

そのほうが、かえって記憶に鮮明に残り、あとで見返した際に、その時の情景をありありと思い出せます。**キーワードは、その時感じた自分を表現したもの**だからです。


ここで紹介したいメモがあります。オートバイ用品チェーン店ナップスの経営に関わることが決まり、事前に店舗を見て回った時に感じたことを書いたものです。

私は、そのチェーン店には一度も行ったことがありませんでした。つまり、はじめてお店を訪れるお客様そのものだったのです。お店に着くと、さっそくメモ帳に素直な感想と、そこから感じたキーワードを書きました。


「入口は、広く！　明るく！」


今このメモを見返しても、その時に感じた印象をそのまま思い出すことができます。

まずは、お店の入口で様子を窺う（うかが）ことにしました。自動ドアのガラス面は、ポスターで覆われ、店内の様子を窺い知ることはできません。ほかのお客様が出入りする時に自動ドアが開くのですが、ドアが開いても奥が暗いため、中の様子がどうなっているかはまったくわかりませんでした。

また、入口のすぐ横に、喫煙のためのベンチが置かれていました。そこには、全身黒の革ジャンやレーシングスーツを着ている人が数人、座りながらタバコを吸っています。缶コーヒーを飲みながら、自分のオートバイを見ているような感じでした。サングラスをかけているので表情はわかりません。ただ、くつろいでいることは想像できました。その方がお客様であり、普通の人だとわかっていても、あまり良い印象ではありませんでした。

率直に、「こわい」と感じたのです。

きっと、何度も来ている人にとっては見慣れた光景でしょう。しかし、私のようなはじめての来店客や、何となく来たという人にとっては、**入口で拒絶されている印象を与えていると感じた**のです。

メモ帳には、「狭い」「暗い」「心配?」「危険?」「こわい?」と、私が感じたこと

気持ちを「一言」でまとめてみる

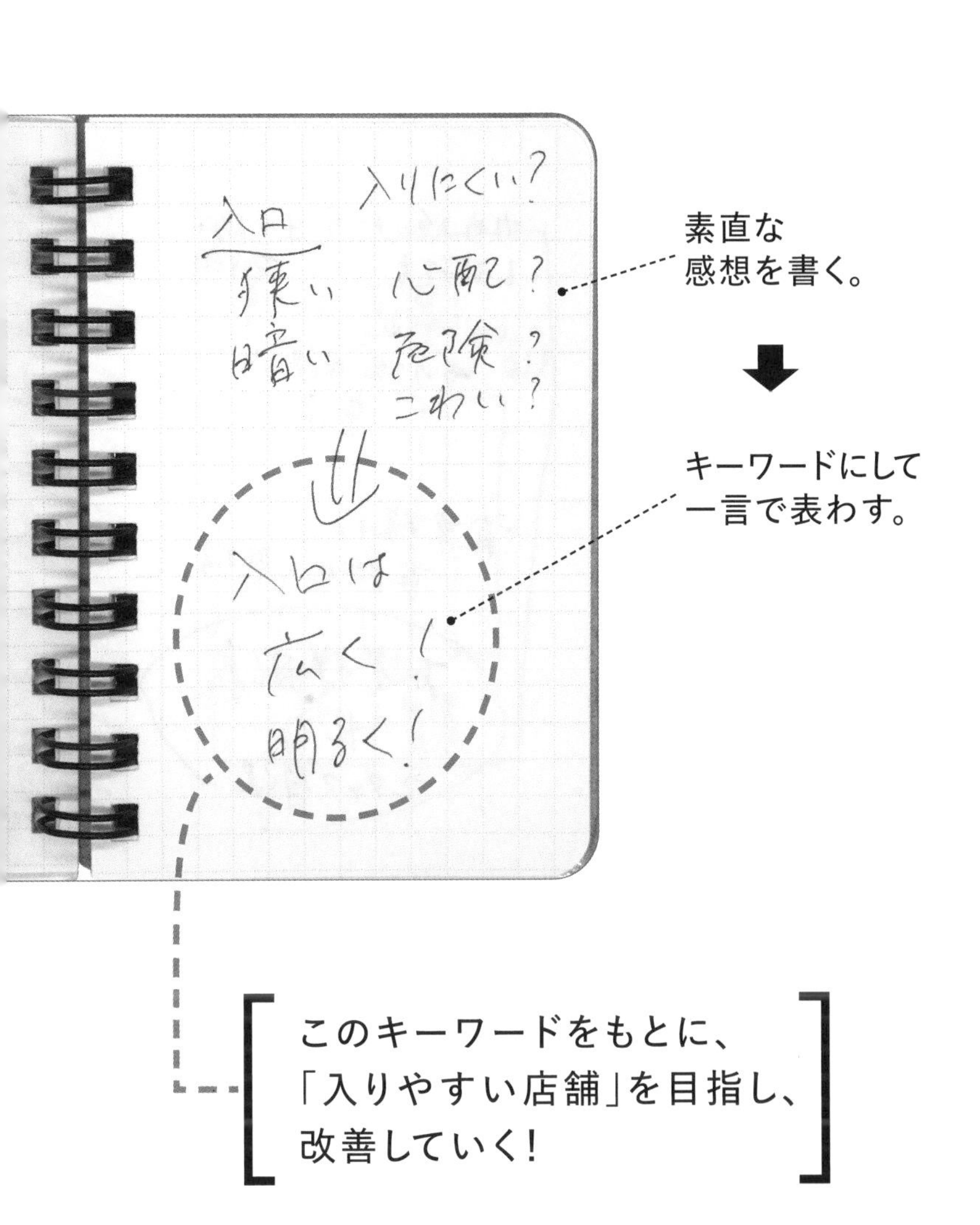

このキーワードをもとに、
「入りやすい店舗」を目指し、
改善していく！

を素直に書きました。そうした言葉を集約して思いついたのが、先ほどの「入口は、広く！　明るく！」というキーワードだったのです。

自分を含めたお客様にとって、入口が「狭く、暗い、こわい」というネガティブな印象では、来店したくないだろうし、入りにくいだろうと感じたのです。これでは、売上の減少で経営に行き詰まったとしても、なんら不思議ではありません。

ナップスに入社後、私は最初の仕事として、すべての店舗を視察することにしました。全店舗の視察を終えて、事実を把握したうえで、「**入りやすい店舗**」を目標の1つに掲げ、店舗改善に取り組むことになりました。

ほかにも感じたことのキーワードはメモとして残していましたので、入社後のさまざまな施策検討と実施に活かしていくことができました。

みなさんも、アイデアのヒントを見つける際は、素直に感じたことをキーワードで書いてみてください。あとでアイデアをつくる際に必ず活かせるはずです。

「図を描く」だけで記憶力6倍アップ

記憶力を簡単に高める記録法

「せっかくいいことを思いついたのに、うまく思い出せない」――。

そういう経験のある人は、意外に多いのではないでしょうか。

もちろんメモ帳にキーワードを書いておけば、たいていのことは思い出せます。

そこに、ほんの少し工夫をすると、伝わり方や記憶の定着にさらに大きな効果が生まれます。その工夫とは、文字だけでなく、**絵を入れてメモする**ということです。

『ブレイン・ルール』（東洋経済新報社）という書籍の著者であるジョン・メディナ氏が行なったある実験をご紹介しましょう。

ある事象の説明方法を2パターンに分け、72時間後にどれだけ記憶に残っているかを確認するという実験です。その結果、次のことがわかったのです。

・「言葉だけで説明」した場合は、10％しか記憶していない。
・「言葉と絵を使いながら説明」した場合は、65％も記憶していた。

つまり、「言葉だけで説明」した場合に比べて、「言葉と絵を使いながら説明」すると、ざっと**6倍も記憶の定着率が高まる**ということです。

もう少し身近な例でお話ししましょう。

スズメバチの巣がある公園などには、よく注意を喚起する看板があります。

さて、この看板ですが、「文字のみの看板」と「文字＋絵の看板」では、どちらが一瞬で「スズメバチ・危険」という重要なメッセージを伝えることができるでしょうか。

絵が添えられている看板ですよね。視覚的に一瞬で理解できると思います。

実際、文字のみの看板だと、読んでいる間に、スズメバチに刺されてしまうかもしれません。

文字よりも、**絵は圧倒的に記憶に残りやすい**のです。

絵は圧倒的に記憶に残りやすい

言葉だけで説明

危険です。

秋になると、このあたりでは
スズメバチが巣を作ります。

このあたりに巣があります。
離れてください。

巣を見つけても
近づかないでください。

言葉と絵で説明

記憶の定着率が
6倍!!

一瞬で危険度が伝わる

入ってくる情報が視覚的であればあるほど認識されやすく、記憶として残り、思い出しやすくなります。これを心理学では、**「画像優位性効果」**といいます。

この「言葉＋絵」というやり方を、ノートに書く際の「記録」に応用すれば、じつは自分が記憶する時にも大きな違いを生むことにつながります。

実際、私もフローチャートや図、イラストなどを入れることで記憶につなげるようにしています。

輸出入をする際の保険についてまとめたノートがあります。当時の私は、海外への輸出入業務は完全に門外漢でした。そこで、理解を深めるためにノートに書いてみたのです。

文字だけでなく、簡単に業務の流れがわかるフローを書き、少し遊びのつもりでイラストを入れてみました。挿絵のようなイメージです。それだけで、文字だけの殺風景なノートが、視覚的にもわかりやすくなります。

イラストのような絵のほうが目にも入りやすいですし、印象に残るので、記憶への定着効果が高いのです。

ここまで記憶について説明してきましたが、なかには、「記録を残せば、記憶はしなくても構わないのではないか」と思う人もいるかもしれません。

じつは、**アイデアには、記憶が重要な役割を果たしている**のです。

前にも述べたように、世の中には、ゼロから生み出されたアイデアなど存在しません。すでにあるもの同士を組み合わせることで、新しい価値あるものへと生まれ変わらせる——それがアイデアです。

とはいえ、「意識をしたら、すぐに新しい組み合わせをつくれるか」というと、そう簡単なことでもありません。

「これとこれを組み合わせたら、面白いのではないか？」

このように、アイデアとは、ふとした瞬間に「ひらめき」として湧いてくるものだからです。

ただ、このひらめきの瞬間に出合えるかどうかは、記憶として頭の中に残っている情報がモノを言います。**記憶が「ひらめきの引き金」となる**のです。

記憶の質をより高めるためにも、メモを取る際は、図を描くようにしましょう。

「起床後3時間」はマネタイズの黄金時間(ゴールデンタイム)

記憶の定着を高める

「記憶のゴールデンタイム」をご存じでしょうか。

1日24時間の中で、記憶に最も有効な時間のことをそう言います。

みなさんの想像どおり、「記憶のゴールデンタイム」とは午前中のこと。

しかし、私がこれまで在籍してきた企業では、その時間帯を会議や打合せにあてられることが多くありました。午前中を、自分の思うとおりに使えない人は、今でも少なくないのではないでしょうか。

とはいえ、会社では、自分の都合だけではどうしようもないこともあります。

そこで、当時の私は、**「起床後3時間」を有効に使う**ことで、成果を上げることにつなげるようにしていました。

「起床後3時間」とは、起床してから業務を開始するまでの時間のことです。私の場合は9時が始業時間でしたので、それまでの3時間をいかに有効活用するかが重要でした。

私の枕元には、つねにメモ帳が置いてありました。

朝起きたら、まずメモ帳を見返します。観察を通じて記録したことをざっと振り返ったり、半分無意識のような状態で頭に浮かんだことを記録するようにするのです。不思議なことに、**覚醒した状態では浮かんでこないような発想が生まれる**ことがよくありました。

通勤時間はインプットの時間と位置づけ、もっぱら読書にあてていました。自分の仕事に関係するビジネス書を読んだり、まったく違うジャンルの本を読んだりして、アイデアのヒントを得るようにしていました。

個人的には、仕事には直接関係しない本を読むことも大切にしています。始業時間になれば、いやでも仕事に没頭しなければならず、インプットする情報も仕事に関係することに終始することになるからです。

それに、仕事に関係しない本を読んだほうが、脳が活性化する気がします。ふだん使っていない脳の部位が刺激を受けるからなのかもしれません。

さて、会社に到着してから始業までが、私にとっての「記憶のゴールデンタイム」です。始業後にはなかなか着手できない、アイデア関連のことに集中して取り組むのです。

誰にも邪魔されず、1人で考える時間こそが、アイデアにとっては重要なのです。

メモ帳に記録したものを見比べて、アイデアのヒントを集めたり、それを方眼ノートにまとめたりする作業に集中して取り組みます。

もう1つ「記憶のゴールデンタイム」があります。**「寝る前15分」**です。

人は睡眠中に、その日のさまざまな情報や出来事を頭の中で整理し、記憶として定着させるといいます。特に「寝る前15分」に意識したことは、**もっとも記憶に定着しやすい**ようです。

そこで、寝る前15分には、メモ帳を見返して、アイデアにつながりそうなキーワードや、新しい気づきを意識して睡眠に入るようにすると、睡眠中に情報が整理されて、記憶として定着しやすくなるのです。

私は、この**「記憶のゴールデンタイム」を積極的に活用することで、アイデアがひらめいた経験が何度もあります**。参考までに、1つ例を紹介しましょう。

フォークリフトの販売拠点を再構築するプロジェクトに関わっていた時のことです。この拠点は静岡県にあったのですが、地元販売会社の本社で、社員にとっては愛着のある場所でした。そこを売却するか、有効活用するかという状況で、早急に方向性を示す必要がありました。

私は、いつものように、現地スタッフへのヒアリングに加えて、拠点の歴史や周辺環境の調査などを、いろいろとメモ帳に記録していました。しかし、なかなかいいアイデアが浮かばずに、どうすべきか悩んでいました。

ちょうどその頃、東海道五十三次の関連書籍を愛読していて、記憶に鮮明に焼きついていたことがありました。それは、静岡県が江戸時代の3つの国（伊豆、駿河、遠江）が1つになって生まれたこと、それが理由で東西に長くなり、東海道の53の宿場町のうち22もの宿場町が静岡県にある、といったことでした。

ほかにも調べていてわかったのは、静岡市あたりから東は関東圏、それよりも西では関西圏と、1つの県で東西の文化が混在しているということでした。

そんな時、突然、**本を読んで記憶していたことと、プロジェクトの課題が結びつき、1つのアイデアがひらめいた**のです。

静岡県が関東・関西の影響を受けているなら、もう少し拡大解釈を加えて、東洋と西洋の文化が融合するというコンセプトはどうだろうか。今までにない新しいコンセプトを持たせれば、話題性もあり、会社全体のブランディングにも有効ではないか、と考えたのです。

そこで、その販売拠点（店舗）の外観・内装を、西洋の文化であるバスケットボールやベースボールなどスポーツを意識した親しみやすい雰囲気にリニューアルすることにしました。

また、販売する商品には東洋の文化代表として「静岡県」ならではの名産品や景勝地——たとえば桜エビや静岡茶、富士山など——をピックアップし、それぞれからイ

記憶が「ひらめきの引き金」となった実例

差別化の
難しい商品に
選ぶ楽しさが！

キャンディ・フォークリフト

静岡県の名産品・景勝地を
イメージさせる9色を採用！

メージできる9色のオリジナルカラーを開発。そのオリジナルカラーを塗装した商品（フォークリフト）を展開したのです。

新しい拠点（店舗）には色とりどりの新商品が並び、ポップで選ぶ楽しさが伝わるように**「キャンディ・フォークリフト」**と名づけました。

その結果、オープン当日は、地元テレビ局や新聞社も取材に来るなど大変な話題になり、肝心の商品販売も順調に推移しました。

このアイデアがひらめいたのは、まさに「記憶のゴールデンタイム」を有効活用したことによります。

みなさんも、**ひらめきの瞬間に出合える回数を増やす**ためにも、ぜひ、「起床後3時間」「寝る前15分」を有効活用して、記憶の活性化をしてみてください。

「ひとりブレスト」で自由にアイデアを出そう

芋づる式に発想を拡げる

ここまで、メモ帳を使ってアイデアのヒントを集める方法を紹介してきました。

メモ帳は、携帯性に優れていることもあり、つねに持ち運んで、何か気づいたことがあれば、すぐに記録できる点が最大のメリットです。

ただ、サイズが小さいので、1つのヒントから発想をふくらませていき、より多くのアイデアを得ようとするような場合には、むしろ方眼ノートや大きな方眼紙を使うほうが便利です。

そこで、私がふだん実践し、効果を実感している方法を紹介しましょう。

まずは、「**ひとりブレスト**」です。

ブレスト（ブレーンストーミング）は、複数人で意見を自由に出し合い、ディスカッションを重ねて、新しいアイデアをつくる方法です。これを、1人でやるわけです。

一般的に、ブレストには次の4つの原則があると言われています。

1、判断・結論を出さない（結論厳禁）。
2、粗野な考えを歓迎する（自由奔放）。
3、量を重視する（質より量）。
4、アイデアを結合し発展させる（結合改善）。

これを守ることで、自由な発想や意見を促し、新しいアイデアにしていくのです。

ただ、「ひとりブレスト」の場合、他人の意見をベースに発想を拡げていくことはできません。ほんの少し工夫が必要になります。

そこで、「ひとりブレスト」では、さらに以下3つの原則を加えています。

1、ぶっ飛んだ発想でいい！

2、図で「視覚的」に伝える！
3、いいアイデアは積極的にマネする！

この新たな3原則は、IDEO（アイデオ）というグローバルに展開しているデザイン会社のスタッフと、アメリカで行なったセッションからヒントを得たものです。

先ほど挙げた4つに加え、合計7つの原則を使って「ひとりブレスト」をします。

具体的には、ポストイットを使い、次のようなルールにもとづいて行ないます。

・午前中に行なう（目覚めてから2時間後くらいに開始するといい）。
・ダラダラやらない。1時間で終える。
・ポストイットは、小さなサイズを使う（タテ1・5センチ×ヨコ5センチか、タテ2・5センチ×ヨコ7・5センチのもの）。
・図や絵を描く場合は、大きなサイズのポストイットを使う。
・キーワードを一言で書く。

・目標は100枚。少なくとも50枚は書く。
・色は何色でもいい（自由な発想の妨げになるルールはつくらない）。
・書いたら、方眼紙にどんどん貼っていく。
・書く内容が思いつかない時は、遠慮なくググる（ネット検索）。書籍を参考にする。
・書きながら、「いい／悪い」の判断をしない。

「100枚書くのはきついな～」と思う人もいるでしょう。

でも、**書き出せば書き出すほど、頭の中に余裕が出てきます**ので、自然に新しい発想が浮かんできます。それに、方眼紙にどんどんポストイットが増えていく様子を見ているうちに、気持ちが高揚して、不思議と書けるようになっていくのです。

それでも、1時間たったら、いったん終了しましょう。集中して取り組むのが大切なので、ダラダラ続けるのは避けてください。

終了してから、違うタイミングで思いついたことがあれば、適宜ポストイットに書いて、貼り足していくことは一向に構いません。

「ひとりブレスト」で発想を拡げよう

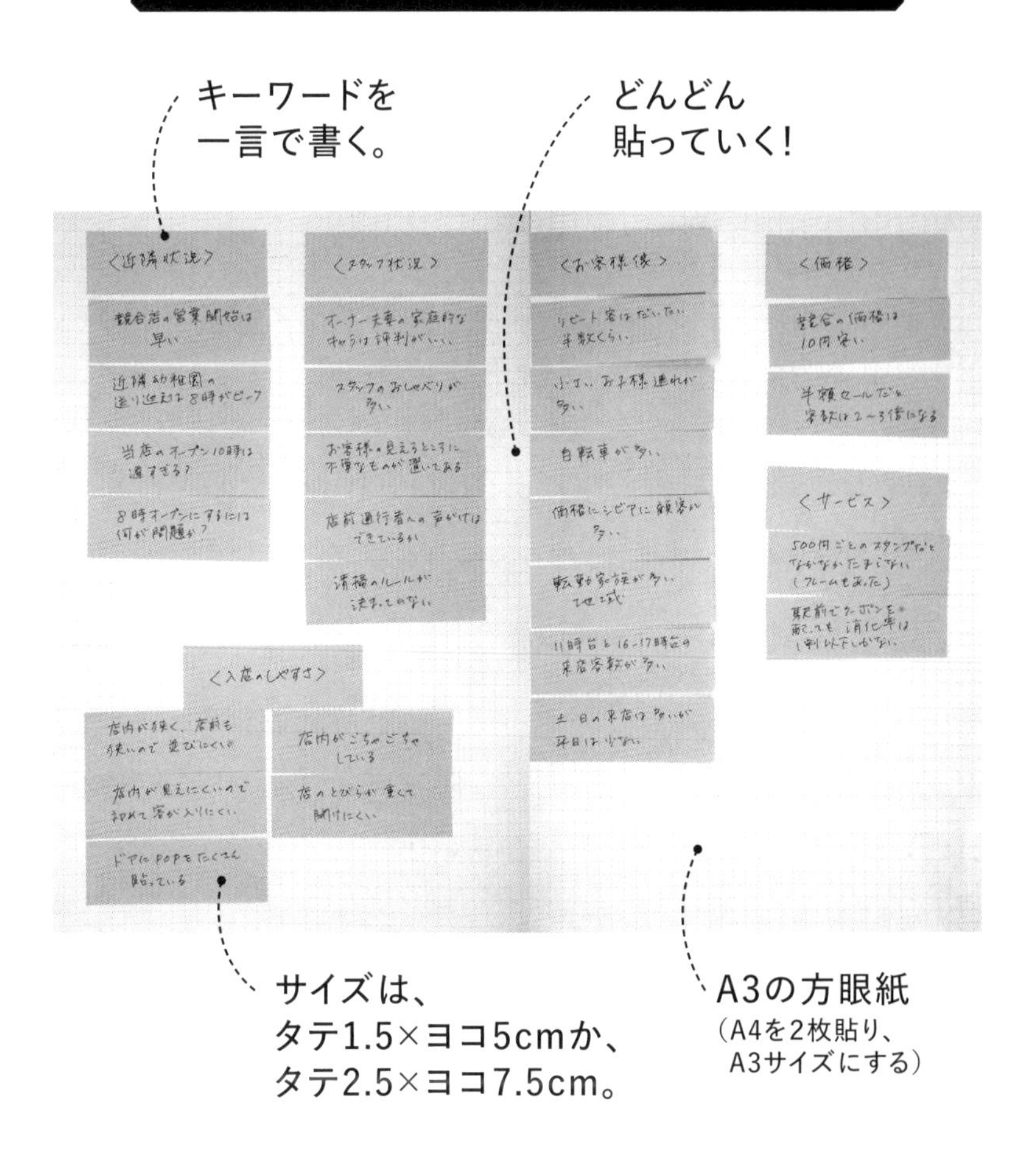

「たくさん書き」「たくさん捨てる」！

アイデアのヒントがどんどん増える！

ポストイットに書いたもののうち、全体の1～2割程度がアイデアに結びつけば上出来です。

とにかく、「たくさん書き」「たくさん捨てる」ことが「ひとりブレスト」の大切な要素です。それが、1つのヒントから枝分かれ式に発想を拡げていったり、アイデアのヒントを増やすうえで、とても有効な方法なのです。

みなさんも、「ひとりブレスト」を行なって、発想を自由に拡げるトレーニングをしてみてください。

「だから？」「なぜ？」はマネタイズの魔法の質問

自己問答でアイデアを深める

記録をする時に、もう1つやってほしいことがあります。

それは、これまでご自身で記録したメモを読み返し、**自己問答をしながら、思考の範囲を拡げていく**ということなのです。その拡げた思考をさらに記録していきます。

この自己問答で私がよく使っているのが、「**so what?**（だから何？）」と「**why so?**（なぜ？）」なのです。

記録したメモを読み返しながら、その内容に向かって、こう質問してみてください。

「だから何？（それって面白いの？）」と。これが、「so what?」です。

もう1つ質問してみてください。

「（それ、面白いの？）なぜ？」。これが、「why so?」です。

わかりやすいように、具体的な事例を使ってお話ししましょう。

衛生関連の商品製造販売やコンサルティングなどを行なっていたシーバイエス社の商品開発をした時の話です。大手コンビニエンスストアのファミリーマートから、「人手不足を解消する提案をしてほしい」という依頼を受けたことがきっかけでした。

それまでファミリーマートとは取引がなく、シーバイエス社にとって大きなチャンスでした。私は、このチャンスをモノにするために、どのような提案をするべきか、数十件の店舗を見て回り、自己問答を繰り返していきました。


『人手不足を解消するには、どうすればいい？』

（だから何？）「人手不足の前に、トイレが汚い店舗が多いな。トイレが汚いとイメージが悪くなり、来店客数が減るのでは？」

（なぜ？）「アルバイトスタッフが少ないのが原因？　トイレ掃除は面倒だから、手が回らないのかも。強制するとアルバイトが辞めてしまい、さらに人手不足になる可能性がある」

『簡単に掃除できればいいのか？』

（だから何？）「簡単に掃除できる道具が必要？　だとしても、ブラシや洗剤など掃除道具が多いとやはり面倒だ。汚いブラシが置いてあるだけでも、トイレ全体が汚い印象になる」

（なぜ？）「すぐにトイレは汚れるし、掃除道具自体も掃除しないといけないから、面倒なのは変わらない」

そんなことを考えながら、現場で**観察→記録→自己問答→観察→記録→自己問答**を繰り返しました。

現場を見て感じたのは、こびりついた汚れを落とすことが大変で時間も労力もかかること。さらに、掃除道具自体が汚いので、触りたくないという心理が働き、スタッフが適当に掃除をしてしまっているのではないか、という仮説でした。

こうしたプロセスを経て出てきたアイデアのヒントが、次のことでした。

「その商品自体に、汚れにくくする機能をつける（防汚機能）」こと。

「トイレに流せるウェットペーパーを使う（道具は使わない）」こと。

このアイデアのヒントにもとづいて商品を開発し、ファミリーマートに提案したところ、見事に採用されました。発売当初は数千万円の取引でしたが、その実効性が評価され、5年が経過した現在では、**3倍近い取引になった**と聞いています。シーバイエス社にとっては大きな新規の収益源となったのです。

大事なことは、**「観察→記録→自己問答」という流れにより、思考の範囲を拡げていくこと**です。日頃から、「so what？（だから何？）」「why so？（なぜ？）」と自己問答をする練習をしてみましょう。

このように考える習慣を身につけることで、1つの観察から、「それがどういうことなのか」「大事なことは何なのか」がわかるようになってきます。

まずは新聞記事や書籍などを読む時に、「so what？（だから何？）」「why so？（なぜ？）」と練習することから始めてみてはどうでしょうか。

あなたのアイデアづくりに必ず役に立ちます。

3
章

「捨てる」「分ける」「まとめる」

「整理」ノート術

外資系コンサルタントが「方眼ノート」を使う理由

シンプルに整理する

ここまで、アイデアのヒントをできるだけ多く集める、つまり「拡げる」方法について説明してきました。

ここからは、集めたヒントを整理したり、組み合わせたりして、新しいアイデアをつくる、つまり「絞る」方法について説明していきます。

アイデアのヒントを整理する際は、「方眼ノート」を使うのがベストです。理由は、

・手書きでも図や表が書きやすい。
・切り離して自由に使える。
・コピーしやすい。

からです。これらのメリットはすべて使いやすさにつながります。**使いやすさが、アイデアの整理のしやすさになる**のです。アイデアを整理していくには、「方眼ノート」以外に選択肢はない、そう言っても過言ではありません。

それぞれのメリットについて、具体的に説明しましょう。

・手書きでも図や表が書きやすい。

方眼ノートは、罫線が「方眼（直角のマス目）」になっているため、タテヨコどちらでも自由に使えます。「ヨコ罫ノート」のように、使い方を限定されません。

また、マス目をガイドとして使えるため、**字幅や行間を揃えやすく、手書きでも図や表が書きやすい**こともメリットです。あとで見直した際に見やすくて、とても気持ちがいいのです。

マス目を使い、手書きで書いていくことで、五感を刺激しながら、どんどん頭の中にあるものを、方眼ノート上に展開していくことができます。

・切り離して自由に使える

ノートに書いたものは、切り離してクリアファイルに入れたり、別のノートに貼って使うこともあります。

アイデアは「メモ帳に書いたヒントを、方眼ノートで整理して、まとめていく」というプロセスを経てつくられるものです。

書いては消し、消しては書く、という作業を何度も繰り返していると、紙がボロボロになることがあります。そんな時は、（そこまでボロボロにならなくても）惜しまずにノートを切り離して捨ててしまいましょう。

綴じられたノートだと、大事に使いたくなる心理が働き、丁寧に書くことに頭を使ってしまいがちです。そうすると、肝心なアイデアをまとめるところに、集中しきれなくなるのです。

アイデアのヒントを整理するための方眼ノートは、**書き損じを気にしないで、使い倒す**ことに意義があります。ノートは道具だと割り切り、好き勝手に使いましょう。

「方眼ノート」を使うと成果も上がる

おすすめは「コクヨのセクションパッド」

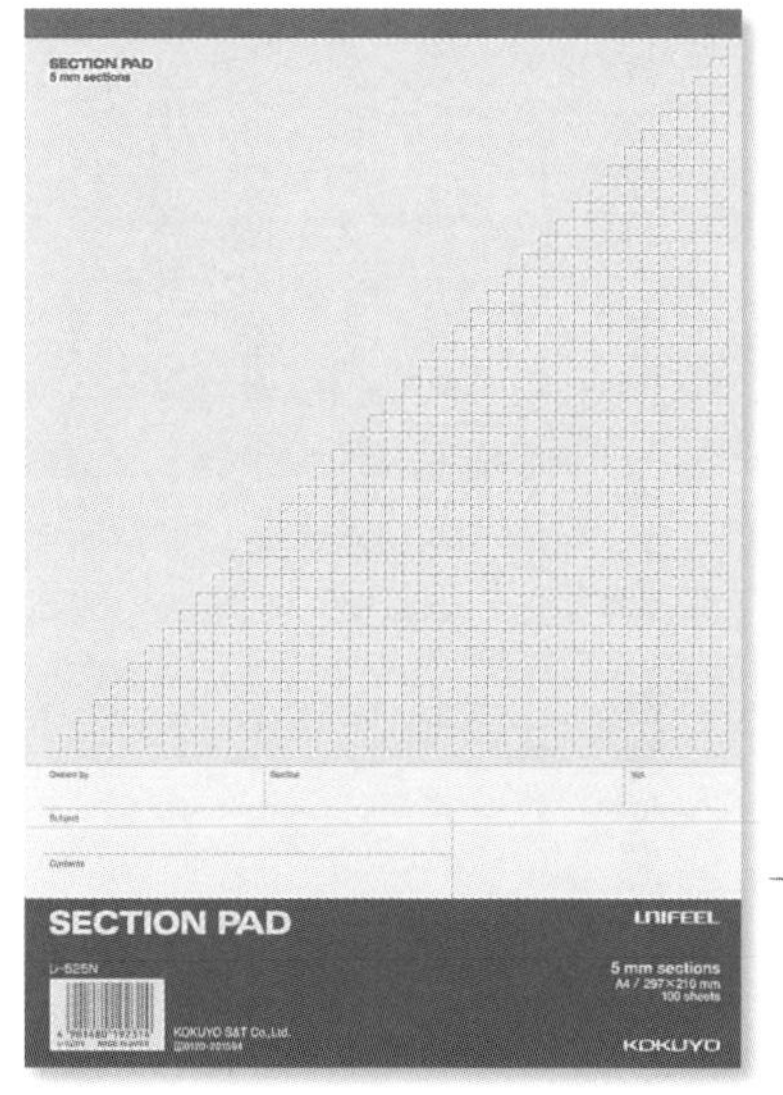

・コクヨ セクションパッド〈UNIFEEL〉 A4 5mm方眼通し罫

A4サイズを
横向きにして
使う！

- 手書きでも図や表が書きやすい。
- 切り離して自由に使える。
- コピーしやすい。

・写真提供／コクヨ株式会社

・コピーしやすい

方眼ノートは切り離せるため、コピーがしやすいのもメリットです。

スキャンしてノートの画像をメールで送る際も、手間はかかりません。

私は、チームで仕事をしている時は、アイデアを手書きで整理した段階で、すぐにノートをコピーして、メンバーとシェアするようにしています。そのほうが早いですし、**手書きだからこそ伝わるもの（熱意や思いなど）がある**と思います。

ちなみに、私が愛用しているのは、コクヨの「**セクションパッド**」という方眼ノートです。すでに20年以上のつき合いになります。1枚1枚を切り離して使えるので、保管用というよりは、完全に「作業用」として使っています。

私が方眼ノートの有効性に気づいたのは、外資系コンサルティングファームに在籍していた時のことです。コンサルタントとして実績を上げている先輩から、**方眼ノートを使って成果を上げている**という話を聞いたことがきっかけです。

その先輩は、**鉛筆**を使って書いていました。「ボールペンだと消せず、**シャープペンだと書き味が固くて、柔軟なアイデアにつながらない**」、というのが理由です。

私は、素直に真似をしてみることにしました。

最初は手探りの状態でしたが、慣れてくると、以前よりアイデアの整理が格段にしやすくなり、仕事のスピードが速くなったことを実感できました。

それ以来、今日まで、私は「方眼ノート」を使ってアイデア整理をしています。


みなさんにも、アイデアのヒントを整理する際には、ぜひ、方眼ノートをおすすめします。きれいに書こうと思わずに、徹底的に使い倒してみてください。必ず、いいアイデアにつながると思います。

まずは、「手書き」で頭を整理する

頭を気持ちよく使う

アイデアのヒントを整理する際に、忘れてはいけないことがあります。
それは、いきなりパソコンに向かうのではなく、**まずはノートを使って、「手書きで整理する」**ということです。

2章で説明したように、「手書きで書く」ことで、記憶力や創造性が高まることが証明されています。その有効性は、もちろんアイデアを整理する際にも同様です。
「手書きで整理する」という**アナログの作業のほうが、脳が活性化して、自由な発想につながり、効率がいい**のです。

私が外資系コンサルティングファームに在籍していた時の経験で言うと、コンサルタントの多くが、**方眼ノートに手書きで書く**スタイルで仕事をしていました。

コンサルタントは、クライアント企業の課題を抽出し、業界や競合他社などさまざまな情報を調べ上げます。膨大な量の情報を整理し、アイデアにまとめあげ、クライアント企業に対して、戦略や戦術、今後の方向性を提案していくのです。

最終的な報告資料などの成果物は、パソコンを使い、パワーポイントなどで見事な資料を作成します。ただ、**パソコンを使うのはあくまで最終段階**なのです。

多くのコンサルタントは、方眼ノートや、必要に応じてホワイトボードやポストイットなどを使いこなし、膨大な情報やアイデアを整理していきます。

コンサルタントは情報整理やアイデアを生み出すエキスパートです。そのコンサルタントの仕事において、**手書きと方眼ノートは必須**だったのです。

「手書き」だからこそ、自由に、書く場所を気にすることなく書いていけます。

パソコンだとそうはいきません。パワーポイントにしても、ワードにしても、画面上書けるエリアには限りがあります。また、文字の大きさを変えるにしても、文字を残したまま二重線を引くにしても、手書き以上に自由に書くことはできません。

ここでみなさんにお伝えしたいのは、

「私たちがすべきことはアイデアの整理であり、キレイな絵を描くことではない」、

ということです。

パソコンを使った作業だと、操作自体に脳が集中してしまい、肝心のアイデアをまとめたり、整理したりする行為を邪魔してしまうのです。

コンサルタントたちは、クライアント企業が抱える難題を解決するために、頭をフル回転させます。このフル回転を**少しでも邪魔するような行為は、おのずと排除**していきます。彼らが「手書きを大切にする」のは、そうした理由からです。

外資系コンサルティングファームでの経験は、私に大きな影響を与えました。

コンサルタントとしても一定の成果を収めることができただけではありません。その後に転職したさまざまな業界・業種の企業で、新しい事業や業務改革、企業再生の成果を生み出すことができました。

それが実現できた重要な理由の1つが、「手書きで書く」にあります。

みなさんも、まずは「手書き」から始めてみてください。

「ノート1枚」に、「テーマ1つ」が基本

「5つの不」を書く

アイデアのヒントを整理する際には、**「テーマファースト」――「まずテーマを決める」**ことが大切です。

みなさんのメモ帳には、アイデアのヒントがたくさん集まってきたと思います。

ただ、そのメモ帳は、さまざまなテーマの情報が入り混じった、混沌としたものに違いありません。情報の数も多いので、どのように整理をしたらいいかわからない、という人も少なくないでしょう。

そこで、アイデア整理の道しるべとして、ノート1枚で「どんなテーマを整理するのかを決める」のです。

コツは、**「ノート1枚で1つのテーマを整理する」**と覚えておいてください。

では、実際にどのようにノートを使うのでしょうか？

まず、方眼ノートは、基本的に「ヨコ向き」で使います。

理由は、**ヨコ向きで使うと一覧性が高まり、一瞬で全体を把握できる**からです。

身近な例では、テレビもパソコンの画面もヨコ向きですよね。ヨコ向きだから全体がわかりやすいのです。

方眼ノートをヨコ向きにしたら、**上側に「見出し」をつける枠**をつくります。

ノートの上側、ちょうど4分の1くらいの位置に、ヨコ一直線に線を引きます。

この上部を「見出しスペース」として使い、「テーマを書く」のです。

本書にも、新聞やネット記事にも、必ず見出しがあります。見出しのおかげでその文章に何が書いてあるのかが一瞬で理解できますよね。アイデアのヒントを整理する際も同じです。

ノートの下側にある残り4分の3のスペースは、ちょうど3分割になるように、タテに線を2本引きます。この3分割のスペースを使って、アイデアのヒントを整理していくのです。その方法については、次項でじっくりご説明します。

アイデア整理の基本フォーマット

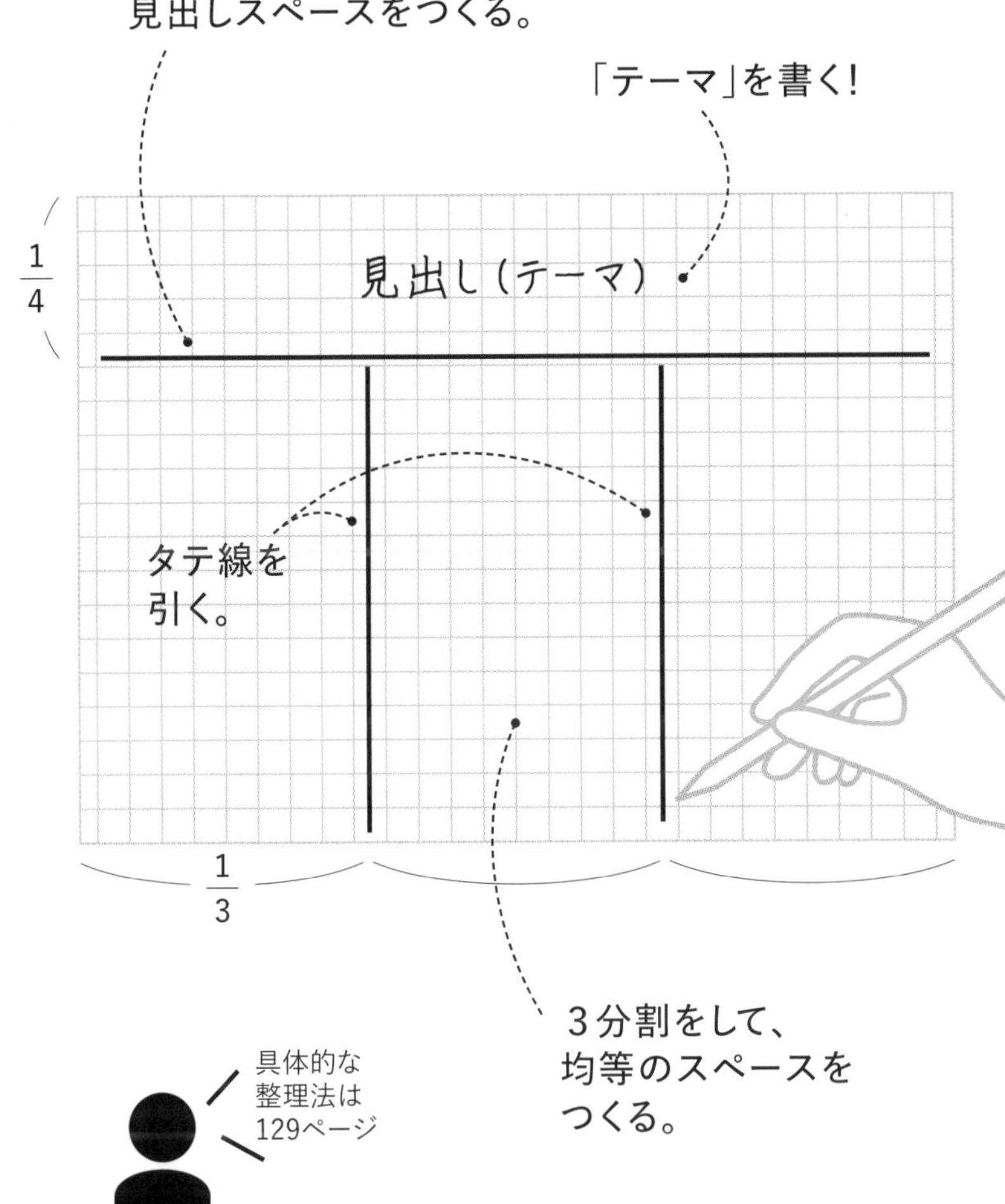

具体的な
整理法は
129ページ

さて、肝心のテーマは、どのように決めればいいでしょうか？

みなさんがこれから整理するのは、「マネタイズ」するためのアイデアです。

思い出してください。

アイデアとは、「社会的な価値を生むかどうか」が重要なのでしたよね。社会的な価値とは、わかりやすく言えば、「**誰かが困っていることを解決する**」ということです。

困ったことを解決できるアイデアだからこそ、お金を生み出せるのです。

つまり、ノートの見出し欄に書くべきテーマは、「誰かが困っていること」だということです。

では、「誰かが困っていること」とは何でしょうか？

そのヒントは、**5つの不（不満、不安、不快、不便、不足）**に隠されています。

不満：どうして満足していないのか？
（例）「なぜ、お客様満足度が上がらない？」
不安：どのような点が、安心や安全に感じないか？

（例）「なぜ、従業員の退職が続く？」

不快：どのようなところが快適でないのか？

（例）「なぜ、会員の離脱が止まらない？」

不便：どのような点が使いにくいのか？　難しいのか？

（例）「なぜ、アプリのダウンロード数が増えない？」

不足：どのような機能やサービスが足りないか？

（例）「なぜ、事業部の売上利益が目標に達しない？」


この中では、「不足」をベースにテーマを考えるのが取り組みやすいでしょう。

別の不足の例としては、「なぜ、前年比で売上が落ちている？」「なぜ、競合商品に比べて、売上が伸びない？」など、売上をテーマに切り口を変えていくのもいいです。

また、売上だと漠然としていてテーマが大きすぎる場合は、「客数」「客単価」「リピート客の人数」というように、範囲を狭めていくのも有効です。

まずは、「テーマファースト」――。そこからアイデアのヒントの整理は始まります。

「空・雨・傘」の3分割法でアイデアを整理

マッキンゼーに学ぶ

外資系コンサルティングファームで学んだノートの書き方は、アイデアのヒントを整理するうえで、とても役に立っています。とくに、私が有効性を実感しているのは、**「ノートを3分割して使う」**方法です。

じつは、ノートを3分割して使う方法は、コンサルタントによって、少しずつやり方が異なります。

実際にいくつかの方法を試してみたのですが、私は**マッキンゼーの「空・雨・傘」**の3分割法がとても参考になりました。簡単に説明しましょう。

「空・雨・傘」をそれぞれ分解すると、

・空は「現状」……「空」を見上げると、雲行きがあやしい。

・雨は「現状に対する解釈」……「雨」が降りそうだ。
↓
・傘は「どのような行動（打ち手）をとるか」……「傘」を持って行こう。
↓

という意味になります。この3つの流れで、行動を決めていくのです。

この思考法は、私がいろいろな業界・業種の企業に携わる中で、心強い武器のひとつになりました。

では、この「3分割」を使って、どのようにアイデアのヒントを整理していけばいいでしょうか？　私は次の流れで進めています。

1、観察した記録から、現状認識をしっかり行なう。
2、現状を生んでいる原因や考えられる課題を明確にする。
3、課題を解決するための打ち手をアイデアとして考える。

具体的なイメージをつかんでもらうために、1章の冒頭で紹介した「ラクダ冷蔵庫」を例に考えてみましょう。

まず、方眼ノートに書いた「3分割」の左側を使います（次ページ下図参照）。

左側は、「現状（事実）のスペース」です。

ポイントは、このスペースに**事実のみを書いていく**ということです。自分の都合で、事実を捻じ曲げてしまってはいけません。事実認識が違うと、そのあとの解釈や、行動（打ち手）も違うものになってしまうからです。

（例）5歳未満の子どもの死亡例が増えている。高熱を出しているケースが多い。病院が周辺にない。医師もいない。診察ができない。薬などを届ける手段がない。砂漠地帯で灼熱地獄である。小さな集落が点在している——。

次に、中央の「解釈（課題）のスペース」を使います。

「空・雨・傘」で考えると簡単!

「マッキンゼー流」アイデア整理術

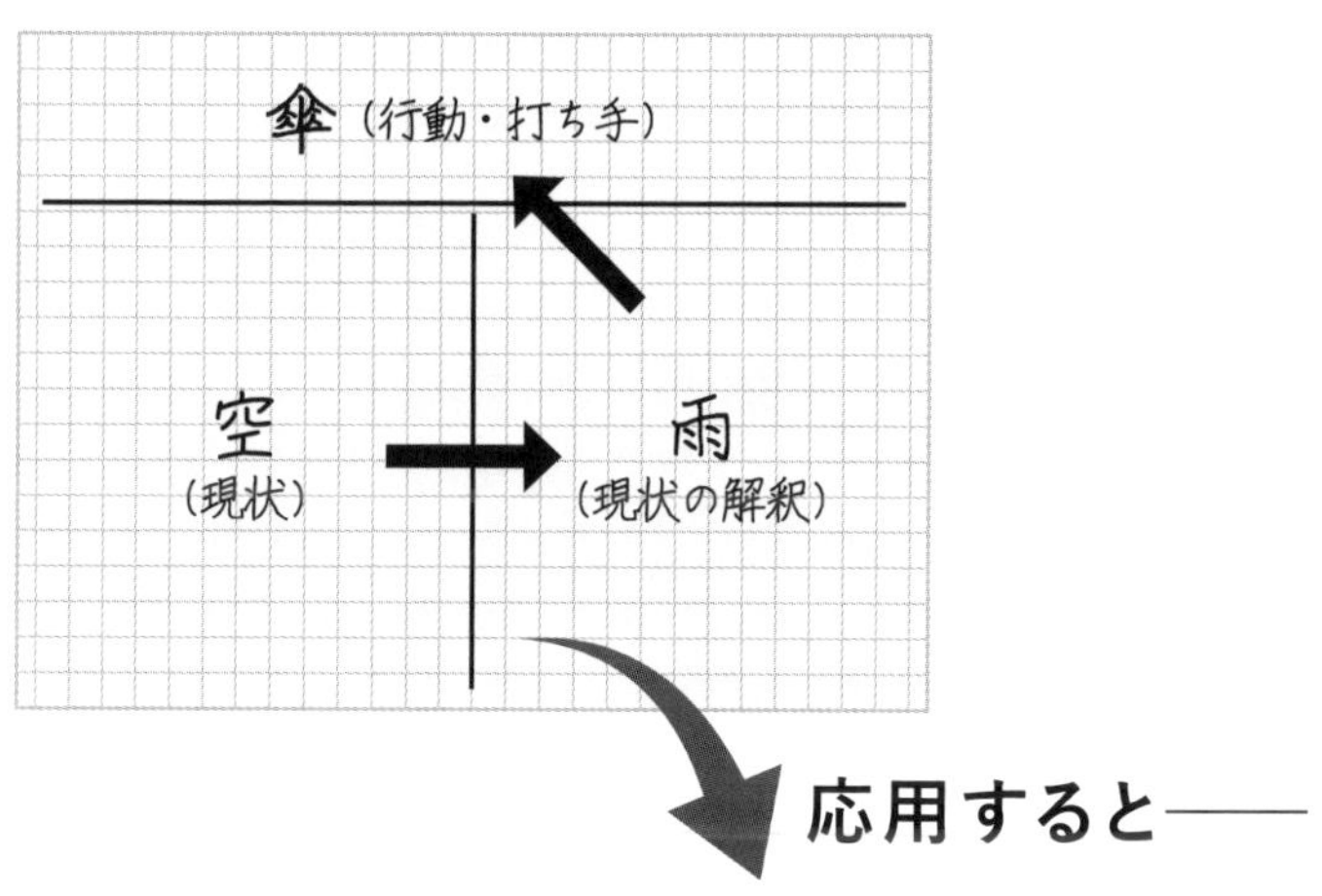

応用すると——

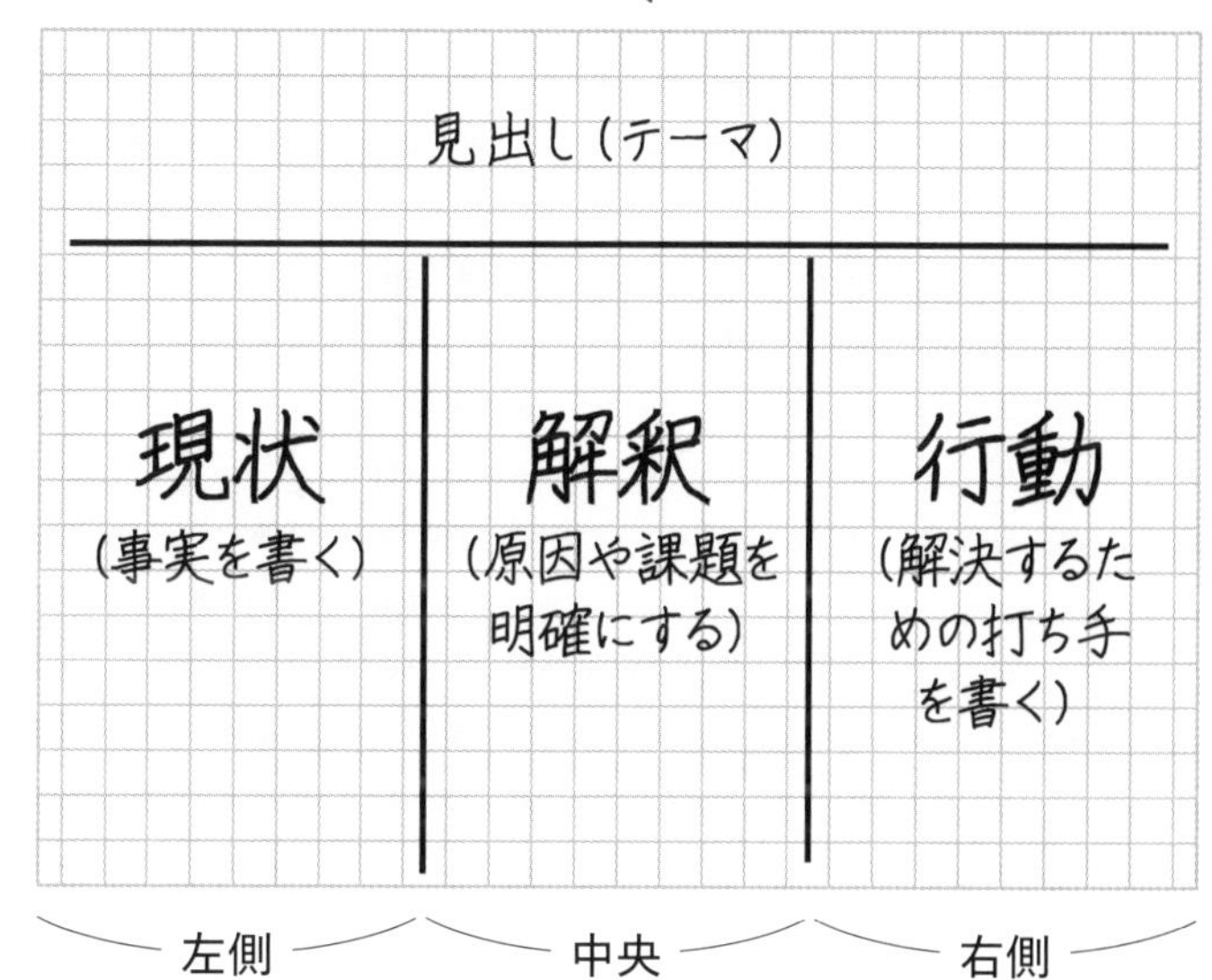

ここには、現状（事実）に対する、**自分なりの解釈や憶測**を加えていきます。語尾に「――そう」とつけてみると、考えやすいでしょう。

（例）病院や医師に頼らない方法が必要そう。病気になる前に対応できることがあればよさそう。灼熱の中では薬も傷みそう。砂漠の中で動けるのは誰だろう――。

最後に右側の「行動（打ち手）のスペース」です。

ここは、解釈（課題）に対する行動（打ち手）を書いていきます。打ち手とは、アイデアそのものである場合もありますが、**アイデアが生まれるまで思いつく、できそうなこと**を書いてみます。

（例）病院や医師に期待するのではない方法を考える。高熱に対するワクチンはないかを調べてみる。運搬できる方法を考えてみる。現地で調達できるものは何か。砂漠での移動手段の実態を調べてみる――。

この打ち手（アクション）を実践してみることで、**アイデアに必要なことが明確**になっていき、具体的なアイデアにつながっていくのです。

大切なので、もう一度、お伝えします。

これから、みなさんが考えていくアイデアは、社会で多くの人が困っていることを解決するアイデアでなくてはなりません。それなしでは社会的な価値を生まない、つまり、社会（みんな）から歓迎されないのです。

社会から歓迎されなければ、当然、お金を生み出すこともできません。

お金を動かしているのは、社会であり、お客様だからです。

多くの人が困っていることを知らずして、社会に役立つアイデアを生み出すことはできません。

ノートを「3分割」して整理していくことで、**どのようなアイデアが社会から求められているのか**が明確になってきます。さっそく、実践してみてください。

「マジック接続詞」で、アイデアをストーリーにする

わかりやすい話にする

アイデアを、単なる「思いつき」ではなく、お金を生み出す「本物のアイデア」に変えるためには、どうしても越えなくてはならないハードルがあります。

それは、あなたのアイデアが、「上司に賛同してもらえるかどうか」です。

いくらあなたがいいアイデアだと思っていたとしても、上司の賛同を得ることができなければ、日の目を見ることはありません。それでは意味がないのです。

第一関門である上司の賛同を得るためには、どうすればいいでしょうか?

おすすめは、アイデアを「**簡単なストーリーにする**」ということ。具体的には、「**マジック接続詞**」を使って、話の流れをつくっていきます。

このマジック接続詞は、アイデアの整理に有効なのはもちろん、アイデアを提案さ

れる「聞き手側の視点」を網羅していることが特長です。

上司というものは、たいてい忙しいものです。自分の仕事だけで手一杯なのに、部下のマネジメントや、自分の上司への報告・連絡・相談、他部署との連携など、やらなければならないことが膨大にあるからです。

ただでさえ忙しい上司に、ダラダラと要領を得ない説明をしたら、きちんと話を聞いてもらえるはずがありません。

「結局、何が言いたいの？」「もう一度、じっくり検討してみてほしい」などと、差し戻しをされるのが関の山です。

そうしたムダを避けるためにも、**聞き手側の視点（上司の気持ち）を押さえ、アイデアをストーリーにしていく**ことが大切なのです。

上司が抱く疑問とは、「結局、何が言いたいの？」「どういうこと？」「大事なことは？」「ほかには？」——主にこの4つです。

そこで、次の「マジック接続詞」を使って、その疑問を生じさせない簡潔なストーリーを考えていくのです。

上司の頭の中		マジック接続詞	意味
1、「結局、何が言いたいの？」	→	「つまり」「要するに」	＝要約する。
2、「どういうこと？」	→	「具体的には」「なぜなら」	＝深掘りする。
3、「大事なことは？」	→	「大事な点は」「ポイントは」	＝強調する。
4、「ほかには？」	→	「ほかには」「もし」	＝視点を変える。

実際に、この4つの「マジック接続詞」を使って、あなたのアイデアをストーリーにしていきます。

1、「つまり」「要するに」＝要約する。

「つまり」「要するに」という接続詞は、「**一言で言うと**」という意味です。「つまり（一言で言ってみると）……こういうことです」と一言で要約すると、結論が明確になり、わかりやすくなります。

「ｐｏｎｔａカード」を考えた時の手順で説明すると、**「つまり**、どこでも使えるポイントカードです」となります。

2、「具体的には」「なぜなら」＝深掘りする。

これは、アイデアの**「解像度」を上げる**ために使います。「解像度を上げる」とは、アイデアの具体性を高めていく、つまり抽象的で大雑把なアイデアに対して、より具体的にイメージしてもらえるようにするということです。

「▲▲について、もう少し具体的に説明すると……」とか、「●●が必要です。なぜなら……」と使います。

ｐｏｎｔａカードのケースでは、「これまでとは異なるポイントカードが必要です。**具体的には**ローソン以外でも使えるポイントカードを想定しています。**なぜなら**、あまり使われないポイントカードは、財布の中に残らないからです」となります。

3、「大事な点は」「ポイントは」＝強調する。

伝えたいことが複数あった場合、特に「大事な点は……」と、**一番実現したいこと****を強調**します。「これを実現しないことには、このアイデアは意味がない」といった、本当に大事なポイントを明確にするのです。

ｐｏｎｔａカードのケースでは、「**大事な点は**、このポイントカードを使うことで、我々は世界一お客様を理解している企業に変革することができるのです」となります。

4、「**ほかには**」「**もし**」＝**視点を変える。**

これは、上司に説明するという以前に、**自分の頭の整理のためにも必要**です。

このアイデアしかないと思っている自分に対し、再度、客観的に問いかけるのです。「ほかには××というアイデアもありますが、……という理由でこの■■のアイデアが有効なのです」と使います。

自分としては「■■というアイデアしかない」と思っていたのに、視点を変えることで、「××というアイデアもある」と考えが変わるかもしれません。その時は、「もし、■■でなく××だったら、どんなよいことがあるのか」と考えてください。アイデアに溺れて、**視野が狭くなることを防ぐ**ことができます。

ｐｏｎｔａカードのケースでは、**「ほかには、**パンダをメインキャラクターにするという案もありますが、ポンポン、ポイントが貯まることをイメージすると、タヌキのキャラクターしかないのです」となります。


これらの接続詞を駆使することで、曖昧だったアイデアの解像度が上がり、上司への説得力が確実に増します。もちろん、ほかの賛同者を増やすことにもつながります。

社会に役立つアイデアも、まずは上司の賛同を得ることから始まります。

「マジック接続詞」を使って、**上司が思わずうなってしまうようなストーリー**をつくってみてください。

マネタイズできるアイデアは「アクション」が明確

5W2Hで考える

あなたのアイデアを、世の中に提案して、マネタイズをしていくためには、あなたの一番身近なところにいる上司の理解や後押しなしには、始まりません。

あなたがやるべきことは、あなたの上司が思わず「なるほど！」と膝を打ちたくなるような形に、アイデアを整理していくことです。

大切なのは、アイデアは**「必ずアクション（具体的な実行内容）まで考える」**――。

こう覚えておいてください。

「思いつき」×「アクション」＝「マネタイズできるアイデア」

この式が成り立つアイデアに、上司は「なるほど！」と膝を打つのです。

アクションとは、**「具体的にどうするか」という実行内容が明確になっていること**を表します。

上司から、「ムダを減らして、もっと利益を残すように」と指示をされたとします。

こんな「思いつき」のような指示をされることは、実際よくありますよね？

とはいえ、上司の指示ですから、むやみに断るわけにもいきません。

この場合、具体的なアクションはどう考えればいいでしょうか？

「5W2H」を使うのです。「5W2H」とは、次の7つの言葉からとったものです。

誰が（Who）、いつ（When）、どこで（Where）、
何を（What）、誰に対して（to Whom）、
どのように（How）、いくらで（How much）。

この「5W2H」を、方眼ノートで整理していきましょう。

まず、方眼ノートをヨコ向きにして、ヨコ左側に幅5センチほどの格子状の枠をタテに7個つくります。その枠の右側に、ページのヨコ幅いっぱいに枠を追記します。左側の枠には、それぞれに5W2Hである「誰が」「いつ」「どこで」「何を」「誰に対して」「どのように」「いくらで」の7項目を書いていきます。そして、広めに取った右側の枠は、それぞれの内容を書くためのスペースにします。

この枠を埋めていくことが、アクションを考えるための整理になっていくのです。先ほどの「会社のムダを減らして、もっと利益を残すように」という上司の指示を、具体的なアクションに書き替えてみましょう。アイデアをお金に変える（マネタイズする）ためのアクションとしての指示に変えていきます。

あるベーカリーチェーンで、私が実際に行なった事例を使って説明してみます。

誰が（who）：パンの製造部門の責任者が主体的に行なう。
いつ（When）：3カ月以内に結果を出す。
どこで（Where）：本店の製造工場が対象。

思いつきのような指示を受けたら、どうする？

上司の指示

「ムダを減らして、
もっと利益を残すように」

↓

「5W2H」で考えると、
具体的な実行内容が明確になる！

5W2H

誰が	製造部門の責任者が主体的に行なう。
いつ	3カ月以内に結果を出す。
どこで	本店の製造工場が対象。
何を	廃棄ロスの削減　等。
誰に対して	製造工場スタッフ全員が実行する。
どのように	廃棄数の把握と対策を必ずレポート　等。
いくらで	製造原価は3％削減する　等。

具体的なアクション（実行内容）として書くと、
マネタイズできる**アイデアになる！**

何を（What）：残業代削減、製造時の廃棄ロス削減、1人当たりの製造数の増加。
誰に対して（to Whom）：本店の製造工場スタッフ全員が実行する。
どのように（How）：残業は事前申請とする。廃棄数の把握と対策を必ずレポート。製造数と製造人件費の比率を出す　等。
いくらで（How much）：残業は基本的にゼロを目指す。製造原価は3％削減する　等。

「誰が」「いつ」「どこで」「何を」「誰に対して」を明確にし、最後は、「どのように」と「いくらで」を具体的に示すことが重要です。

このアクションが明確になってはじめて、**「思いつき」を「マネタイズできるアイデア」へと変えることができる**のです。

「5W2H」を使って、アイデアのヒントを整理してみてください。具体的なアクションが明確になることで、有無を言わせぬ説得力を持たせることができるのです。

「このアイデアは、誰に提案するのか？」

上司に説明するように書く

アイデアを整理する時は、**「人に説明するようにまとめる」**ことが重要です。

誰に説明するのかといえば、当然、あなたが今考えていることを、わかってほしい人にです。

新しいアイデアを提案するのであれば、わかってほしい相手はあなたの上司です。商談を行なうのであれば、わかってほしい相手はクライアントになるでしょう。

どのような場合でも、説明をしようとする「相手」を想定して、アイデアを整理していくことが大切なのです。

たとえば、「上司」に対して、売上目標を達成する方法を説明する場合を考えてみましょう。上司が知りたい情報とは何でしょうか？

それを考えれば、何を説明すればいいかが、おのずと明らかになります。
たとえば、次の例文①と②を比べてみてください。

(例文①)
「当部署の今年の目標は売上高1000万円ですが、現状は900万円となっています。目標に対し100万円の未達です。未達の原因として考えられるのは新商品のクリームパンの認知不足です。そこで、対応策としては新商品の割引クーポンを配ることと店舗入口前に告知ポスターを掲出します。これらを1カ月以内に実行していくことで、未達分をカバーできます」

(例文②)
「当部署の現状の売上高は900万円なので、新商品の割引クーポンを配ることと店舗入口前に告知ポスターを掲出します」

例文①と②は、どちらも伝えようとしている内容は同じです。ただ、例文②のような説明をしてしまうと、**あとあと大きな問題が発生する可能性がある**のです。

例文②は、現状と目標のギャップ（売上高差異）がどれくらいあるのか、またその理由がわかりません。上司はその対応策の良し悪しを判断できないのです。

何のために割引クーポンを配るのか、何の告知ポスターなのかも不明です。さらに新商品がクリームパンだけではない可能性も考えられますので、情報が曖昧なのです。対して、例文①のように説明をすれば、上司はポイントがわかりやすくなります。

例文①と②の違いは何でしょうか？

それは、「**相手を想定して説明をしているかどうか**」の違いです。

説明をしようとする相手をきちんと想定することによって、何を伝えればいいか、を客観的に整理しやすくなります。

先ほどの「売上目標を達成する方法」の場合、次のような流れで説明をすると、上司も話のポイントが理解しやすくなります。

「目標・狙い→現状→ギャップ→原因→課題・実行内容」

この流れを意識するかしないかで、上司の反応は大きく変わってくるのです。

方眼ノートを使って、イメージの図を書いてみましょう。

目標・狙いとは、「**あるべき姿**」のこと。この場合、説明をする相手は上司なわけですから、上司が何を望んでいるかを具体的に書くことになります。

例文①であれば、目標・狙いは、「売上目標1000万円」。つまり、**何を目指していくのかを明確にする**のです。

現状とは、文字どおり「今、現在の状況」のこと。

例文①であれば、現状は「売上高900万円」になります。例文②も同様です。

ギャップとは、「目標・狙い」と「現状」との差異のこと。じつは、**このギャップを「問題」と言う**のです。つまり、ここで「なぜ、このアイデアが必要なのか」を明確にすることになります。

例文①と②の最も大きな違いは、「ギャップ=問題」を明確にしているか、してい

「相手にどう説明するか」図にしてみよう

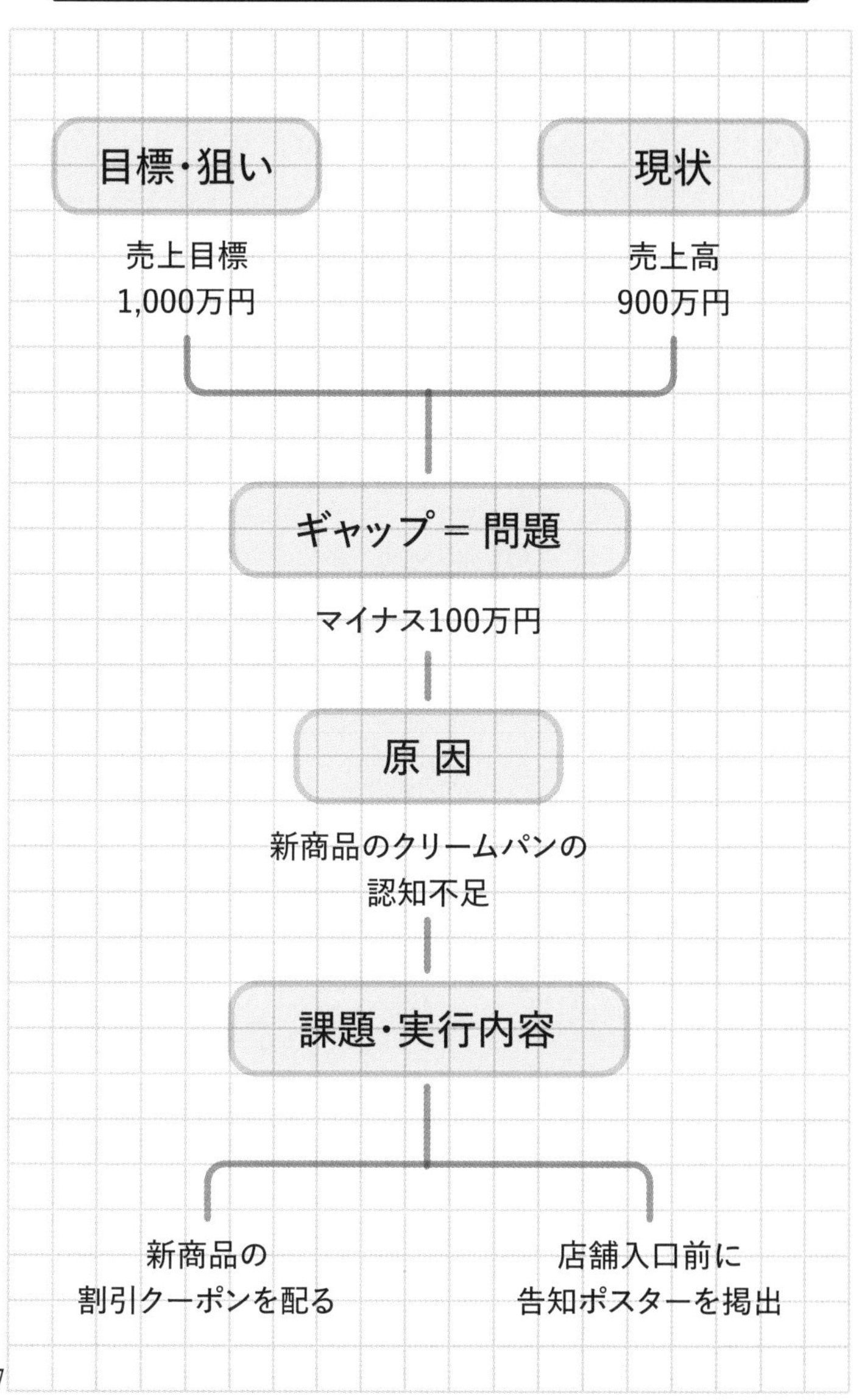

ないかに尽きます。もう少し見てみましょう。

例文②では、売上高900万円に対して、対応策のみ提案し「新商品の割引クーポンを配ることと店舗入口前に告知ポスターを掲出します」としています。

売上高900万円がさも問題のように説明していますが、それでいいでしょうか？

仮に、目標の売上高が500万円だとしたらどうでしょう？

900万円は目標を達成していることになり、問題とは言えなくなるのです。

例文②では、**アイデアを必要としている「問題」が何なのかがわからない**ということです。本人はわかっているかもしれませんが、上司には絶対に伝わりません。

つまり、例文②は、**目標と現状のギャップが不明確なまま説明をしている**ことが、上司に理解されない欠点なのです。

原因とは、この「ギャップ（問題）」を生んでいる理由のことです。

例文①では「新商品のクリームパンの認知不足」としています。ギャップが明確にならないことには、原因を突き止めることができず、対応策の打ちようがありません。

課題・実行内容とは、そのギャップを埋めるために、やるべきことであり、**問題を**

解決するために起こす具体的なアクションを指します。

ここがまさに、みなさんの**アイデアの見せどころ**の部分です。

例文①で言えば、「新商品の割引クーポンを配ることと店舗入口前に告知ポスターを掲出します」という対応策を「これらを1カ月以内に実行」するということです。

アイデアを整理する際は、「相手に説明するようにまとめる」こと。

「目標・狙い→現状→ギャップ→原因→課題・実行内容」という流れを意識することで、ひとりよがりを脱し、より賛同してもらえるアイデアをつくることができるのです。

「なぜなぜ分析」で本当に必要な情報をつかもう

問題の原因を見つける

アイデアとは「**問題を解決するためにある**」と言っても過言ではありません。何かの問題を解決するからこそ、社会に役立ち、ひいてはお金を生むのです。

前項で説明したように、問題とは、「目標・狙い（あるべき姿）」と「現状」とのギャップを表すのでしたよね。そして、問題が発生した「原因」を突き止め、それを解決するために必要なのが、あなたのアイデアなのでした。

では、その原因はどのように突き止めればいいのでしょうか？

じつは、参考になるフレームワークがあります。

「**なぜなぜ分析**」です。

ご存じのとおり、トヨタ自動車のカイゼンの取り組みで有名になったフレームワークです。**問題の原因を深掘りする際にとても有効**なので、最大限に活用しましょう。

「なぜなぜ分析」とは、ある問題に対して、**「なぜ」を複数回（3〜5回）繰り返すことで、原因を深掘りしていく**方法です。

問題を解決するためには、根本の原因（真因）を正確につかみ、解決策を講じる必要があるのです。

実際に、方眼ノートを使って整理してみましょう。

まず、方眼ノートの左上に箱を書きます（155ページ図参照）。

一番上の箱には、問題点を書きます。その箱からつながるように下にも箱を書き、考えられる原因を複数回繰り返し書き出します。5回ほど繰り返すのが理想的なので、箱は5つ準備し、前の箱に対し考えられる原因を下の箱に書いていきます。

ただ最初から5回繰り返していくのは難しいかもしれません。まずは3回繰り返すことを目標に進めてください。

前項に登場した例文を使って説明してみます。

（例文①）

「当部署の今年の目標は売上高1000万円ですが、現状は900万円となっています。目標に対し100万円の未達です。未達の原因として考えられるのは新商品のクリームパンの認知不足です。そこで、対応策としては新商品の割引クーポンを配ることと店舗入口前に告知ポスターを掲出します。これらを1カ月以内に実行していくことで、未達分をカバーできます」

まず、方眼ノートに書いた枠の一番上の「問題点」を埋めます。

ここには、**「目標・狙い」と「現状」とのギャップ**を入れます。

「目標・狙い」は、売上高1000万円。「現状」は900万円ですから、そのギャップである「問題点」は100万円未達、ということになります。

次に、設定した問題点がなぜ発生したのかの原因を考え、ノートに書き出します。

最初の原因は、「お客様が来ないから」。ポイントは**「〜から」と書くこと**です。それによって、原因として考えることができます。

続いて、「お客様が来ないから」という原因に対し、「なぜ」と問いかけ、さらに原因を探ってノートに書いていきます。これを、何回か繰り返していくのです。「なぜなぜ分析」を繰り返した結果、あくまでも一例ですが、例文の原因が次のようになりました。

問題点＝100万円未達。
なぜ↓ ①お客様が来ないから。
なぜ↓ ②来店する動機がないから。
なぜ↓ ③新商品が発売になったことを知らないから。
なぜ↓ ④チラシやポスターなどで告知をしていなかったから。
なぜ↓ ⑤チラシやポスターが必要だと考えていなかったから。

もし、1つの問題点に複数の原因が出てきた場合には、それぞれの原因に対して、「なぜ」を繰り返していくことになります。

問題点＝100万円未達。

なぜ↓ ①何も買わずに帰るお客様が多いから。

なぜ↓ ②ほしい商品がないから。

なぜ↓ ③売れ筋商品の欠品が多いから。

なぜ↓ ④午前中には売り切れるから。

なぜ↓ ⑤来店客数や販売時間を考えて製造数を決めていなかったから。

ここで気をつけなければならないのは、**「問題点の設定を間違えない」**こと。

問題点の設定を間違えてしまうと、おのずと原因も違ったものになってしまい、対応策としてのアイデアも間違えてしまうからです。

だからこそ、「なぜなぜ分析」を使って、真の原因（真因）を正確につかむことが大切です。それが、お金を生み出す本物のアイデアにたどり着く条件です。

問題の「真の原因」は何か？

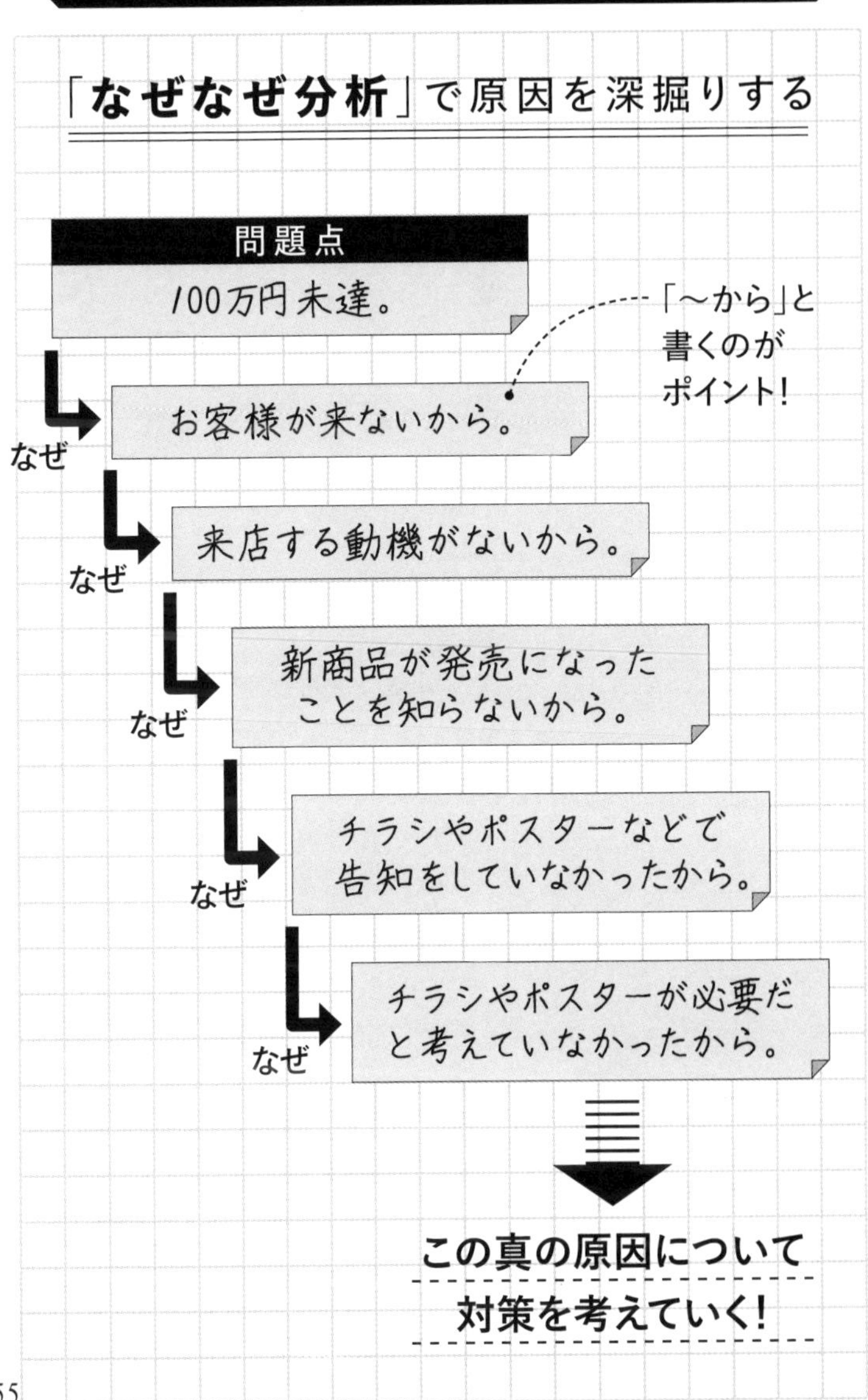
「なぜなぜ分析」で原因を深掘りする
問題点
100万円未達。
「〜から」と
書くのが
ポイント！
なぜ
お客様が来ないから。
なぜ
来店する動機がないから。
なぜ
新商品が発売になった
ことを知らないから。
なぜ
チラシやポスターなどで
告知をしていなかったから。
なぜ
チラシやポスターが必要だ
と考えていなかったから。
この真の原因について
対策を考えていく！

「結局こうだよね」と言えるまで整理する

一言でまとめる

ここまで、メモ帳に記録したアイデアのヒントを、方眼ノートを使って整理してきました。その整理を完了するために、最後にやっておくことがあります。

それは、**「結局こうだよね」と一言でまとめる**ことです。

この一言をさらに具体化していく方法は、4章でじっくりお話しします。

ここでは、その前段階として、アイデアを一言でまとめるコツをお伝えし、本章の締めくくりとさせていただきます。

もう一度、先ほどの例文①を使って説明しましょう。

（例文①）

「当部署の今年の目標は売上高1000万円ですが、現状は900万円となっています。目標に対し100万円の未達です。未達の原因として考えられるのは新商品のクリームパンの認知不足です。そこで、対応策としては新商品の割引クーポンを配ることと店舗入口前に告知ポスターを掲出します。これらを1カ月以内に実行していくことで、未達分をカバーできます」

これを「結局こうだよね」という一言でまとめると、どうなるでしょうか？

「割引クーポンと告知ポスターで、1カ月以内に未達分100万円を挽回する」

こんなイメージになります。

今度は、私の実例を使って、一言でまとめる方法をお伝えしてみます。

まず、方眼ノートに、自分が観察から得た情報を書き出します。この文章は、長くても構いません。必要な情報を書くようにします。

（私が実際に使った例文）

「地元のお客様である社長は、日経新聞も読むが、よくスポーツ新聞を読んでいる。スポーツ好きが多いが、特に**熱狂的な野球ファン**が多い。当社営業マンは、訪問する時には、懇意の球団の試合結果は意識しているとの意見もあった。勝った時は機嫌がいいので商談もやりやすいからだ。地元では、**球団ロゴ**の入った食品やTシャツなどの**商品**をよく見かける」

これは、私が以前考えた新規事業の目玉商品につながる観察結果を書いたものです。ここから、実際のアイデアにつなげていけるように、一言でまとめていきます。

いったん書いた文章から余計な単語を削いでいき、いくつかのキーワードだけを残すようにします。そして最後に、それらを組み合わせて、このアイデアは、「結局こうだよね」と、一言で表現するのです。

私の例文では、「**熱狂的な野球ファン**」「**球団ロゴ**」「**商品**」の3つのキーワードだけを残して、次のような組み合わせを考えてみました。

「熱狂的な野球ファン向けの球団ロゴの入った商品」

例文から不要な部分を削ぎ落とし、「結局こうだよね」と一言でまとめ、実際のアイデアにつなげていったのです。

具体的なアイデアにつながりそうなことを、**「結局こうだよね」と一言で表現できるようになれば、アイデアの整理は終了**です。

「この一言」を上司に伝えてみるのです。魅力的な一言であれば、上司は思わず膝を打ち、あなたのアイデアに賛同してくれるでしょう。

「どういうこと？　もう少し、くわしく話を聞きたいな」

などと、上司が興味を持ってくれたらしめたものです。賛同者が増えれば増えるほど、あなたのアイデアが実現する可能性は高まります。

ぜひ、あなたが思い描くアイデアを、「結局こうだよね」と一言で表す練習をしてみてください。

4
章

すべてのアイデアは「組み合わせ」

「組み合わせ」ノート術

「商品開発4つの窓」でアイデアをつくる

勝てる土俵で勝負する

この章では、いよいよ、アイデアを形にするための「組み合わせ方」について説明していきます。

その前に、みなさんに改めて確認をしておきたいことがあります。

「世の中にまだ存在しないような商品やサービスを、本当につくりたいでしょうか?」

なかには、憧れに近い感覚で「iPhoneのような画期的な商品をつくれたらいいな」などと思う人はいるかもしれません。それ自体はすばらしいことだと思います。

ただ、現実として、世の中にまだ存在しないような商品やサービスは、なかなか見当たらない、ということはおさえておく必要があります。

そのうえで、「どうするか?」を考えることが大切なのです。

私がふだん使っている**「商品開発4つの窓」**という考え方があります。「商品開発4つの窓」というのは、私が独自に名づけたものですが、アイデアをつくるうえで参考になると思います。まずは、それについてお話ししましょう。

この「商品開発4つの窓」は、タテヨコ2つの軸で商品開発を考えていきます。
タテ軸には、**「自社発想」**と**「市場発想」**を置きます。
自社発想とは、自分から新しい商品をつくろうというのが動機になります。
市場発想とは、市場からのニーズや取引先からの依頼などが動機になります。
ヨコ軸には、**「類似商品」**と**「新商品」**を置きます。
類似商品とは、すでに販売されている商品やコンセプトを参考にすること。
新商品は、世の中にないような新しい商品のことを指します。
この2つの軸で構成された4種類の「窓」で商品開発を考えていくのです。
それぞれの窓について説明していきましょう。

①「自社発想×新商品」の組み合わせ

ここは、まさにAppleの創業者、スティーブ・ジョブズの世界。iPhoneのような**まだ世の中に存在しない商品をつくろう**ということです。

気をつけないといけないのは、「アイデアマンが陥る罠にはまる」こと。自分のアイデアにほれ込みすぎて周りが見えなくなると失敗します。自分以外の意見やニーズをうまく取り込んでいければ、成功の可能性は上がっていきます。

②「自社発想×類似商品」の組み合わせ

市場にすでにあり、成功している商品を研究し、その要素を使って自社の商品開発を進めるケースです。わかりやすい例は、**プライベートブランド（PB）商品**。

ただ、すでに市場にある商品ですから、お客様はその先行商品で間に合っているわけです。「なぜ自社商品を選んでもらえるのか」をしっかり考える必要があります。

成功の可能性が高いのはどこ?

商品開発 4つの窓

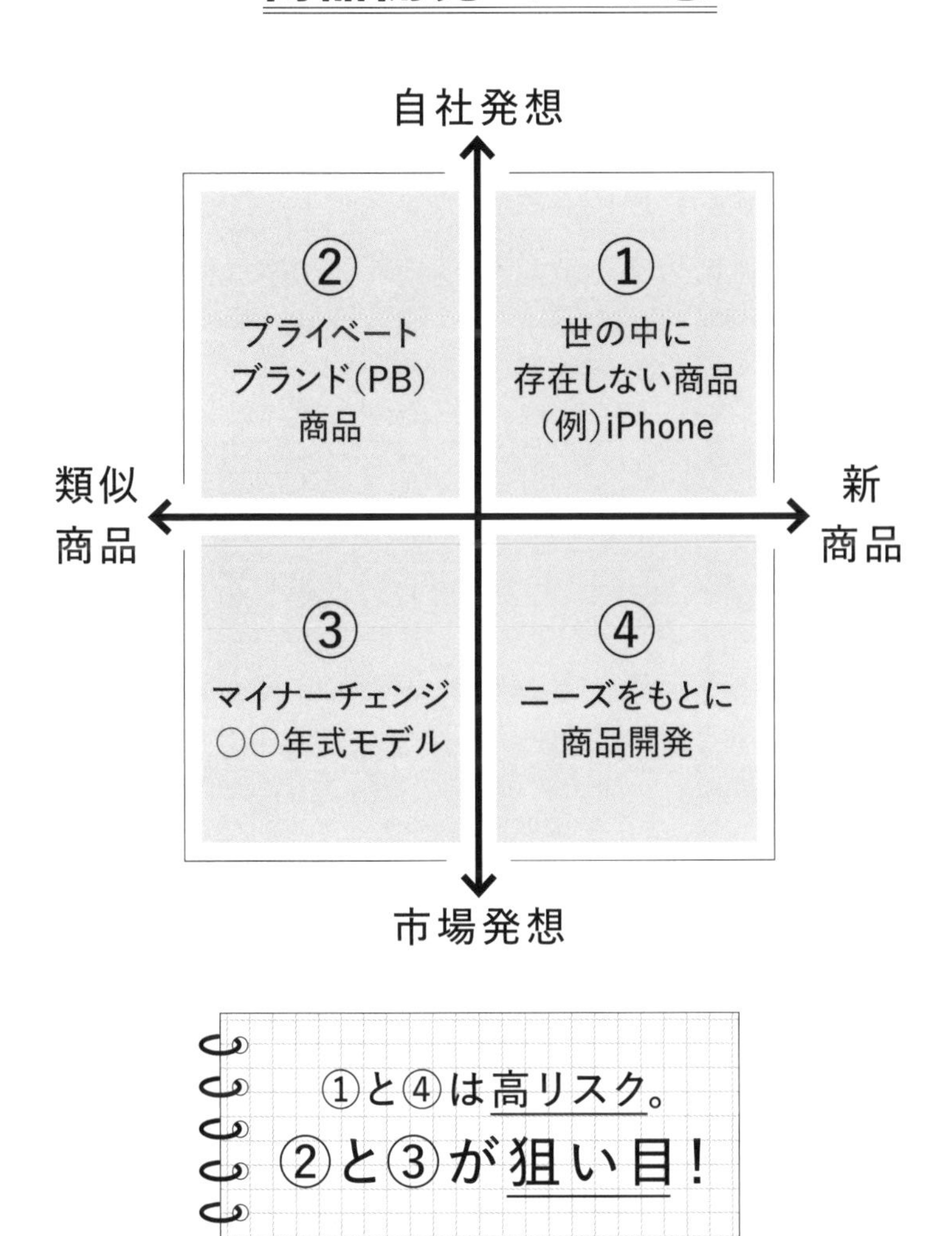

③「市場発想×類似商品」の組み合わせ

市場ニーズや顧客の声などを反映させて、すでにある商品を改良するケースです。自動車の**マイナーチェンジ**や、家電の**〇〇年式モデル**などがこれに相当します。顧客要望を反映させているので、効果は期待できるやり方です。

一方で、顧客にわかりやすい改良ができなければ、これまでの商品との差別化がしにくく、大きな効果が期待できない可能性もあります。

④「市場発想×新商品」の組み合わせ

市場の声や取引先などからの依頼で商品を開発するケースです。**明確なニーズがあって新商品を開発**するのですから、販売はある程度見込むことができます。

ただ、市場の声にせよ、取引先からの依頼にせよ、市場規模が考慮されていないと、「売れたのは最初だけ」ということも大いにあり得ます。「つくったはいいが、たいして売れずに終わった」という可能性があるのです。

この「商品開発4つの窓」で**最初に考えるのは、②と③の可能性を優先する**ことです。なぜかというと①と④は、②と③と比較すると、リスクが高いからです。

さらに、①と④のケースは、市場がまだ十分な大きさまで育っていない可能性が高く、「参入したはいいが、あえなく撤退」となることも考えられます。自社の体力次第では、非常にリスクが高い取り組みになってしまうのです。

私は、**いいアイデアはどんどん模倣するべき**だと考えています。世の中のほとんどのアイデアは、既存のアイデアの組み合わせであり、原点は模倣にあるからです。

アイデアを実現し、社会で活かしていくためにも、まずは、模倣から始めるのが効率的です。既存のアイデアをどんどん組み合わせて、あなたらしい新しいアイデアにしていけばいいのです。

この「11個の切り口」で差別化をしよう

ちょっとした違いをつくる

もう一度言います。世の中に、これまで存在しなかったような、新しいアイデアはほとんどありません。「新しいアイデア」と評価されている大半が、じつはすでに存在していたアイデアや要素を組み合わせたものにすぎないのです。

ただ、それを「新しい」とか「面白そう」だと感じさせるものには、やはりそれだけの理由があります。

その理由とは、ほんの「**ちょっとした違いがあるかどうか**」です。すでに世の中にある商品やサービスとは「ちょっと違う」という切り口をつくることが大切なのです。

たとえば、次の**11個の切り口を組み合わせると簡単**です。

1、「色を変える」　2、「サイズ・容量を変える」　3、「保証を変える」
4、「素材を変える」　5、「名前を変える」　6、「ターゲットを変える」
7、「用途を変える」　8、「売る場所を変える」　9、「売る時間を変える」
10、「機能を変える」　11、「価格を変える」

11個の切り口を使った組み合わせ例をいくつか紹介してみましょう。

例1：「色を変える」×「ターゲットを変える」
色に明るいピンクを加えることで、若い女性層を取り込む。
例2：「サイズ・容量を変える」×「売る時間を変える」
10％増量した洗剤を、季節が変わる3月に期間限定で販売する。
例3：「保証を変える」×「名前を変える」×「ターゲットを変える」
保証を1年から3年に延長し、商品名称にPROとつけることで、もっとハードユースのユーザーに訴求する。

例４：「用途を変える」×「ターゲットを変える」

女性用の電動眉毛カッターを、男性用の電動鼻毛カッターにする。

このように、11個の切り口をいろいろ組み合わせるだけで、「ちょっとした違い」を簡単につくることができます。

組み合わせをする時は、「方眼ノート」と「ポストイット」を使います。**取り除いたり、似た内容をグルーピングしたり、作業がしやすくなる**からです。

また、ポストイットは3種類の色を用意すると、区別しやすくて便利です。

173ページの図を見てください。まず、ピンク色のポストイット1枚に1つの切り口を書いて、方眼ノートにタテ一列に貼っていきます。

次に、ノートの上側に「これまで」「これから」と書いたポストイットを貼ります。

さらに、「これまで」「これから」の下には、黄色のポストイットでわかることを書いて貼っていきます。「これまで」には現状（今の商品）を、「これから」には何を変えればちょっとした違いがつくれるかを、それぞれ書いていきます。

「色を変える」＝（これまで）無色透明↓（これから）ベイスターズロゴ入り。
「ターゲットを変える」＝（これまで）食パン好き向け↓（これから）ベイスターズファン向け。
「売る時間を変える」＝（これまで）通年販売↓（これから）1年のみ期間限定。
「機能を変える」＝（これまで）なし↓（これから）乳酸菌入りで身体にいい。
「価格を変える」＝（これまで）300円↓（これから）500円。

じつは、このアイデアの組み合わせは、高級食パンチェーン店で検討し、実際に発売した商品のものです。ベイスターズとは、ご存じのとおり、プロ野球球団の横浜DeNAベイスターズのことです。

横浜DeNAベイスターズとコラボする狙いの1つは、**「来店客数」の増加**です。

高級食パンを含め、パン屋という商売は、半径500メートルから1キロ程度が商圏です。実際に、お店や商品によほどの特長がない限り、この商圏よりも遠くに住んでいるお客様の来店はあまり期待できないのです。

また同じ商圏内で競合店舗が自宅の近くにあれば、そこで買い物を済ませてしまうでしょう。だからこそ、今回のコラボではお客様の来店動機をつくり、横浜ＤｅＮＡベイスターズのファン、かつまだ来店したことのないお客様や、最近来店していなかったファンの方にも訴求しようと考えたのです。

狙いは見事に的中しました。

シーズン中は**10～15%の来店客数増加を達成**できたのです。

ただこのシーズンのベイスターズの戦績は低調で、最終成績は4位でした。もし優勝争いに絡んでいればもっと来店客数は増加したでしょう。それでも上出来でした。

ほかにも、世の中には参考になる事例がたくさんあります。

大手ハンバーガーチェーンのマクドナルドが提案した「夜マック」はその最たるものの企画です。私は思わず「**このアイデアはやられたな～**」と、感心しました。

「ちょっとした違い」の簡単なつくり方

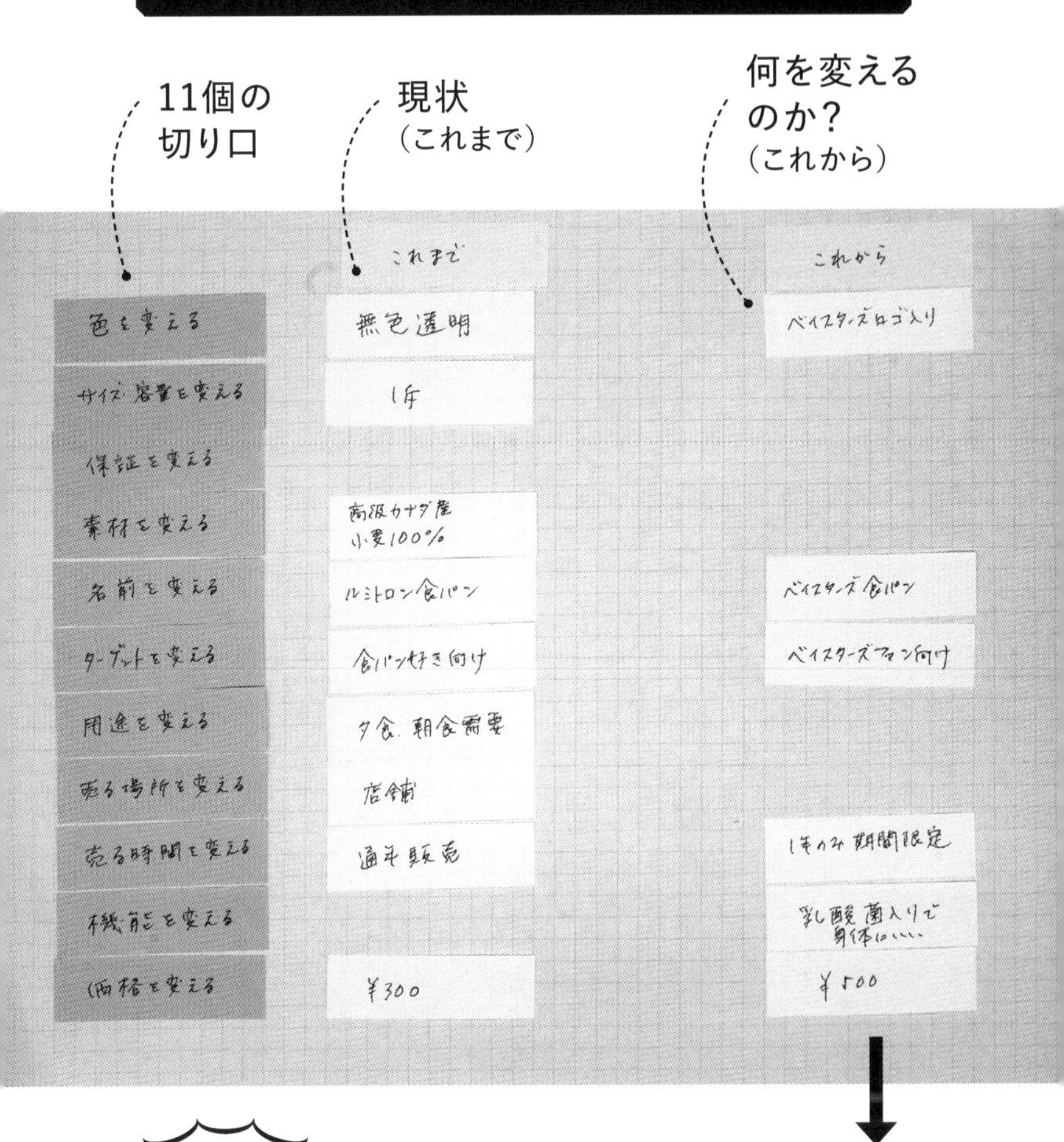

「ちょっとした違い」が完成!」

マクドナルドには、「夜マック」が始まるずっと前から、「朝マック」という商品が存在していました。「マフィン」や「ホットケーキ」など、朝マックにしかない専用メニューを楽しまれた方も多いのではないでしょうか。

「夜マック」も、「朝マック」と同じように専用メニューはあるのですが、よくよく観察すると、朝マックとは様相が異なることに気づきました。

「夜マック」のメニューには、「**倍**ビッグマック」や「**倍**フィレオフィッシュ」といったように、**従来のメニューに「倍」という文字をつけたものが大半だった**のです。

先ほど紹介した11個の切り口で考えると、次の組み合わせになります。

「サイズ・容量を変える」×「売る時間を変える」×「機能を変える」×「名前を変える」

- 「サイズ・容量を変える」→パテの使用量を2枚（倍）に変えた。
- 「売る時間を変える」→夕方以降の販売に変えた。
- 「機能を変える」→「夕食需要」に焦点を当てた。

・「名前を変える」→既存商品名称に「倍」をつけた。

「夜マック」は、この組み合わせによって、「ちょっとした違いをつくる」ことに成功したのです。

ここで変えたのは、簡単に言ってしまえば、**パテの量を倍にしただけ**です。たった**それだけで、新たな需要を引き出した好例**です。本当に見事な企画でした。

みなさんも、このマクドナルドの例をイメージしながら、11個の切り口を使って、組み合わせを考えてみてください。「ちょっとした違い」が簡単につくれます。

最初は、ほんの「ちょっとした違い」に思えたとしても、やがてはお客様をファンにする「大きな違い」につながっていくのです。

Ｐｏｎｔａカードも「既存のアイデアの組み合わせ」

掛け算で考える

私はローソン在籍時に、「Ｐｏｎｔａカード」を企画立案し、運よく成功させることができました。

Ｐｏｎｔａカードという事業アイデアが誕生した経緯については、1章でご紹介したとおりです。先代の「ローソンポイントカードは、フランチャイズオーナーの評判が悪い」という事実から「問い」を繰り返し、「根本から見直す必要がある」という結論を導き出して実現したのがＰｏｎｔａカードでした。

じつは、Ｐｏｎｔａカードは「アイデアの組み合わせ方」という視点で見ると、よりわかりやすいと思います。なぜかと言うと、Ｐｏｎｔａカードという事業アイデアは、**「既存の技術」×「新しい視点」という掛け算から生まれた**ものだからです。

「既存の技術」というと、システムや生産、開発などに必要な技術を思い浮かべる人もいるかもしれませんが、ちょっと違います。

ここで言う**「既存の技術」とは、今ある自社の「強み」や仕組みのこと**を指します。専門的な言葉では、SWOT分析のS（強み）に注目するなどと言いますが、難しく考えなくてけっこうです。

「新しい視点」とは、「弱み」に対する解決策と考えてください。専門的には、SWOT分析のW（弱み）に注目するなどと言います。

「弱み」はネガティブにとらえられがちですが、ここではむしろ「好機」と見ます。方眼ノートには、「強み」と「弱み」を書き出します。

実際にどのように進めたのか、わかりやすいように、事例で説明しましょう。

私はローソンのマーケティング戦略を統括する部署の責任者になった際に、SWOT分析をして、ローソンの「強み」と「弱み」を洗い出しました。そこでわかったことは、Ｐｏｎｔａカード導入前（ローソンポイントカード）は、**「お客様の分析が十分ではない」という弱みが明らかになった**のです。

その「弱み」が生まれた理由は、「ローソンポイントカード」の利用者の多くが、いわゆる「ローソンファン」に限定されていたことにありました。ファン以外の一般のお客様の利用はそれほど多くなく、お客様のデータに偏りが見られたのです。

結果的に、お客様の分析が期待しているほどできていない状況でした。

しかし、この「弱み」をまったく別の「新しい視点」で見ると、違った光景が見えてきます。つまり、**「まだ成長できる余白」だと考えることができる**のです。

私はこの「弱み」を、好機と見ることにしました。

一方で、ローソンには**「既存の技術」としての「強み」**がたくさんありました。

全国の店舗網は当然として、ローソンポイントカードの７００万人を超える会員、そして、膨大な会員情報を支えるＩＴシステムです。

私は、これらの「強み」を最大限に活かそうと考えました。

新しいアイデアにつなげていく際に参考にしたのが、イギリスやドイツでポイントカード事業を展開している企業でした。この企業にすぐにコンタクトし、実際に現地を訪れて話を聞くことにしたのです。

その結果、経営幹部やポイント事業に加盟している店舗、お客様へのヒアリングを通じて、新しい事業のヒントをたくさん得ることができました。

こうしてたどり着いたアイデアが、ローソンだけでなく、1枚のカードでほかの多くの企業と連携できる「**共通ポイント**」という仕組みを持ったポイントカードです。ほかの企業と連携することで、**それらの企業が持っている「既存の技術」（強み）を取り込み、かつローソンの弱みを補うことができると考えた**のです。

こうして、2010年3月に「Pontaカード」のサービスが開始されました。当初は、ローソンを始め、石油元売り大手である昭和シェル石油（現：出光興産）、レンタルビデオ大手のゲオの3社だけの連携でした。ただ、それぞれが「既存の技術」として会員制度をもっていたので、それをPontaカード会員に一本化することにしました。

これにより、サービス開始の初日から会員数が1800万人を優に超える巨大な共通ポイント事業が立ち上がったのです。

現在、**Pontaカードの登録アカウント数は1億を超え、国内最大規模のポイントカードに成長**しました。これは、多くのお客様のことを知ることができるようになったことを意味します。

つまり、当初の**「弱み」を好機として「強み」に変えることができた**ということです。

手前味噌ではありますが、Pontaカードは、「既存の技術」×「新しい視点」の掛け算から生まれた新しい事業アイデアの好例です。

みなさんも、ぜひ、この組み合わせをご自身のアイデアに活かしてみてください。

「コンビニ業界初のセルフレジ」は引き算から生まれた

引き算で考える

アイデアをつくる際に、あれもこれもと追加しててんこ盛りにしていませんか？　日本製の家電が世界で以前ほどの評価を受けなくなって久しいですが、その一因として、使いもしない機能ばかりを付加したことで競争力を失ったと言われています。

私は、アイデアをつくる際に、お客様を中心にして**「引き算で考える」**ことを大切にしています。あれもこれもと追加するのではなく、不要なものをどんどん削ぎ落としていくのです。そして、最後に残ったものが、お客様にとって便利で、わかりやすいものであれば、これもアイデアの組み合わせ方の1つだと考えています。

たとえば、私がローソンで開発した**「コンビニ業界初のセルフレジ」**は、お客様を中心にして「引き算で考える」ことによって実現したアイデアです。

当時のローソンは、「店舗現場の人手が足りない」という問題を抱えていました。「セルフレジ」は、その問題を解消するアイデアとして考えたものです。

さて、引き算で考える時に大切なのは、**事前に「制約条件」を明確にしておく**ことです。制約条件とは、「アイデアを組み合わせる際、絶対に外してはならない条件」のこと。具体例は後述しますが、どんなにすばらしいと思えるアイデアだったとしても、制約条件を無視したアイデアでは、実現性が低くなってしまうのです。

制約条件を明確にするには、参考になる情報が必要です。そこで私は、当時、大手スーパーなどで試験的に導入が始まっていたセルフレジを、できるだけ多く見て回ることにしました。

すると、次のような制約条件が見えてきたのです。

「設置場所はレジカウンター」「（操作指導できる）余分なスタッフはいない」「万引きをどう防ぐか」「袋詰めできるスペースがない」「お客様は不慣れ」「新規投資額は

できるだけ少なく」「既存ＰＯＳレジの流用もＯＫ」……といった具合です。

大手スーパーのセルフレジは非常によくできていましたが、コンビニで使うには大きすぎました。コンビニは30坪ほどの広さでビジネスを展開するため、坪当たりの収益をとても気にします。収益を生まないものは基本的に設置しません。どうしても設置が必要だとしても、サイズはできるだけ小さいほうがいいのです。

このように、制約条件がわかったら、小さなポストイットに1個ずつ書いて、それを1枚ずつ方眼ノートに貼っていきます。

次に、現状のＰＯＳレジに備わっている機能をポストイットに全部書き出し、これも方眼ノートに貼っていきます。たとえば、次のようになります。

「弁当販売」「飲料販売」「雑誌販売」「現金で支払い」「クレジットカードで支払い」「公共料金支払い」……このようにレジに備わった機能は膨大でした。

制約条件と現状がわかったら、いよいよ「引き算」で考えていきます。

お客様のメリットを中心にして、**不要なものを引き算**しながら、新たなセルフレジのイメージをつくっていくのです。

当時、コンビニに寄せられるクレームの半数以上は、レジに関するものでした。特に多かったのは、**時間がかかりすぎることへのクレーム**です。

そこで、お客様を中心に考えたメリットが、あっという間にレジ操作が終わり、時短につながるセルフレジでした。

現状のPOSレジに備わった機能を1つずつ吟味し、制約条件と照らし合わせながら、不要だと思われる機能が書いてあるポストイットを剥がしていきます。

引き算1：ムダな機能をやめる（酒やたばこ、公共料金支払いなどはやらない）。
引き算2：レジ横における使用スペースはA4サイズにする。
引き算3：投資は最小限にする（ソフトウエア以外は既存品を流用）。
引き算4：現金支払いは受けつけない。

引き算で新しい発想が生まれる

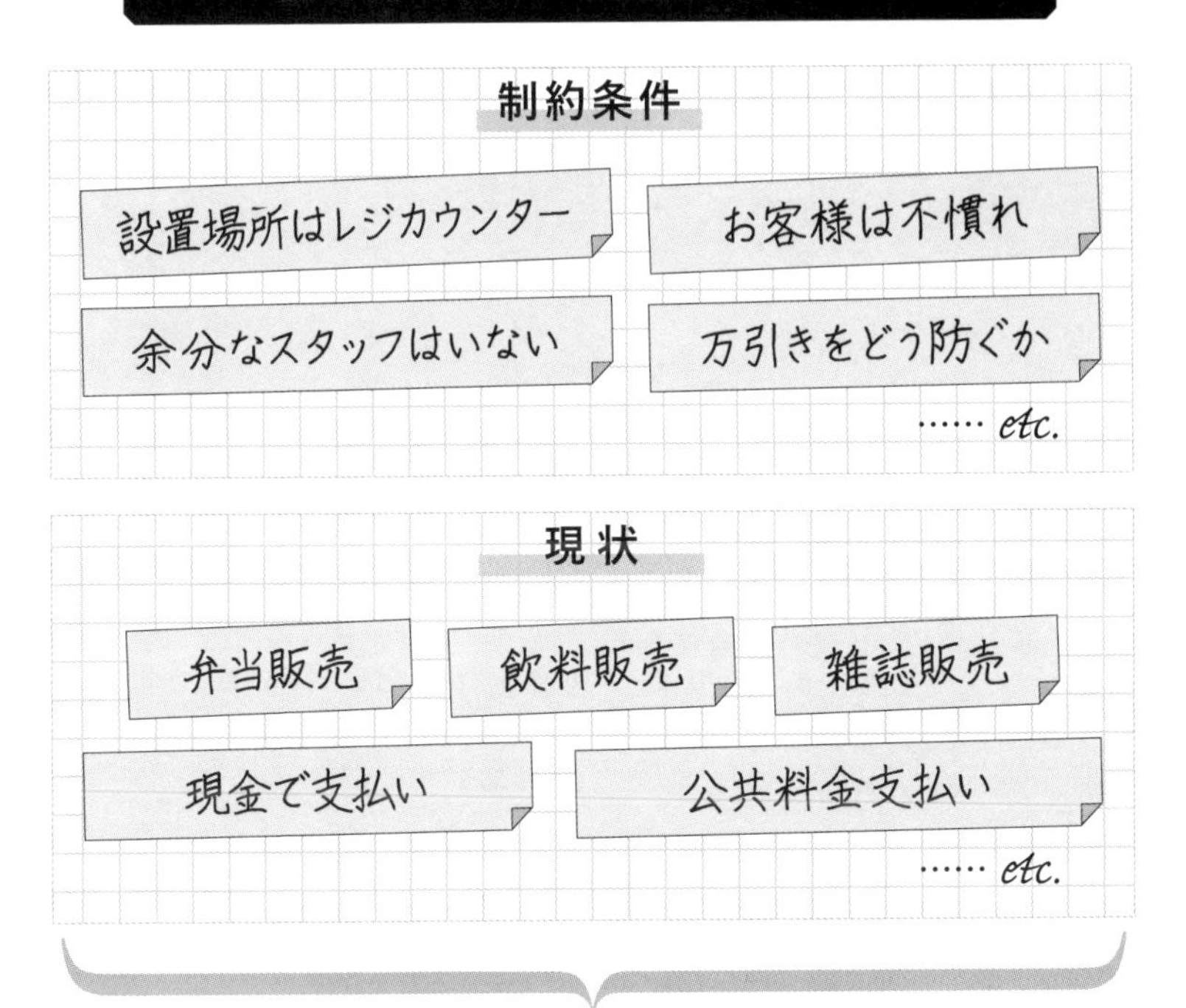

［不要なものを引き算］

／コンビニ業界初のセルフレジ＼

引き算5：レシート出力は選択制にする。
引き算6：袋詰めはお客様ご自身で行なう。

こうした引き算の発想で生まれたのが、「コンビニ業界初のセルフレジ」です。
コンビニエンスストアは、あらゆることを「できる」ようにすることで、便利さを追求してきました。セルフレジは**これまでとは「真逆の発想」から生まれた**のです。

セルフレジを導入した効果はてきめんでした。店舗内の商品数は何も変わらないのに、**ただセルフレジを1台置いただけで、売上が20%アップ**したのです。

レジ待ちに不満をもっていたお客様、特に、ランチタイムで買い上げ商品数が1、2個程度のお客様にはとても効果的でした。長蛇のレジ待ちに嫌気がさしていたお客様が、率先してセルフレジを利用してくださったのです。

お客様のメリットを中心に「引き算」することで、画期的なアイデアがつくれるという好例です。

ぜひ、アイデアを組み合わせる際に参考にしてみてください。

「お客様が熱狂しているもの」と組み合わせる

ファンを味方にする

「自社の商品に目新しさがなくなってきた」「何か起爆剤がほしい」……。

こんな時、どういうアイデアを考えればいいでしょうか？

すぐに打ち手が必要な時に、起爆剤となり得るアイデアの組み合わせがあります。

「コラボレーション（コラボ）」です。日本語にすると「協業」とか「共作」とかの意味がありますが、要は他社と一緒に取り組むということです。

コラボレーションの目的は、**話題性により商品の認知を拡げる**ことです。

では、どのような視点でコラボレーションを考えればいいでしょうか？

簡単で効果的なのは、**「お客様が熱狂しているもの」と組み合わせる**ことです。

お客様が熱狂しているものには、どんなものがあるでしょうか？

たとえば、「タレント」「アニメ」「映画」「スポーツ」「ゲーム」「音楽」などなど、考えてみればいろいろな領域があります。

ただ、どの領域であっても、人が熱狂するような人物、作品、製品などには**「知的財産権」**などの権利が絡んできます。たいていは、ロゴや肖像権などの使用について厳密に管理されているため、すべてが「お金」を必要とします。

ロゴや肖像権など知的財産権を利用したい企業は、使用する対価として、ロイヤリティを支払わなくてはなりません。この**ロイヤリティ収入**は、知的財産権を管理している企業にとって、**非常に大きな収益源**となっているのです。

その中でも、利用に際してのハードル（条件）が比較的低いキャラクターもあります。たとえば、熊本県の人気ゆるキャラ**「くまモン」**です。「くまモン」は、全国に熱狂的なファンが多数いますが、キャラクター利用がしやすいことでも有名です。

あちこちで「くまモン」のキャラクターがついた商品を見ることができるのは、そうした理由からです。

スポーツ領域でも、たくさんの事例があります。たとえば、プロ野球の地元球団には熱狂的なファンがついています。阪神タイガースのファンは特に有名ですよね。

こうしたプロ野球球団の地元では、球団とコラボしている商品をあちこちで見かけます。球団によっては、地元企業に対して、球団のロゴなどの利用ハードルを下げているところもあります。

ファンからすれば、「好きなチームのロゴが入っている商品を買う」ことで、チームを応援するという意味合いが出てきます。商品を開発する側は、その**ファン心理に期待をして、販売促進の手段としてコラボ商品を利用する**わけです。

このように「お客様が熱狂しているもの」とコラボレーションすることは有効です。

私も、プロ野球球団とのコラボ商品をいくつか開発したことがあります。参考までに、どのようにコラボを実現していくか、大まかな流れを説明しましょう。

まず、どの球団と組むのかを考えます。コラボの目的は、話題性により商品の認知を拡げることにあるので、**どこで認知を拡げたいのか**を基準に考えます。私の場合は、対象商品が全国販売でしたので、複数の球団とコラボすることで進めました。

最初のコンタクトは、球団のホームページからです。ロゴなど肖像権を利用したい場合、どの球団でもホームページに専用窓口があり、そこからアクセスします。

ちなみに、ほかの領域では、ホームページに専用窓口がない場合があります。その時は、多少強引にでもコンタクトを試みます。伊勢神宮とのコラボでは、企画書を事前に総務部に郵送し、何とか電話を総務部につなげてもらうことで、コラボのチャンスをつかんだこともあります。

さて、球団とコンタクトができたら、次はコラボしたい内容を球団側に伝えます。基本的に、球団側が準備している定型フォームに従って入力していきます。専用のWebページや、Excelシートに入力することになります。

この定型フォームに入力をすれば手続きとしては終了ですが、私は必ずオリジナルの企画書を作成し、提出しています。なぜかと言うと、**オリジナルの企画書で熱意を示すと、たいてい交渉がうまくいく**からです。

じつは私も、球団側に依頼を断られたことがあります。「フォークリフト」とのコラボを依頼した時の話です。球団側からは、過去にコラボの前例がなく、販売数量がそれほど多くない（ロイヤリティ金額が少ない）ことを理由に断られてしまったのです。
それでも、オリジナルの企画書を準備し、コラボによる**球団側のメリットをきちんと伝えることで、権利を勝ち取り、最終的にはコラボを実現**することができました。

ここで、方眼ノートを使った企画書の作成例を紹介します。横浜ＤｅＮＡベイスターズと、高級食パンのコラボ企画をした時の事例です。

企画書の大まかな流れは次のようになります。

「①自社の紹介→②横浜ＤｅＮＡベイスターズ様とコラボする理由→③自社商品の紹介→④提案内容の説明→⑤販売計画→⑥その他」

企画書の中には、いくつか押さえておくべき大事なポイントがあります。それは、「②横浜ＤｅＮＡベイスターズ様とコラボする理由」と「④提案内容の説明」です。

「②横浜DeNAベイスターズ様とコラボする理由」には、どういう背景からコラボを考えているか、なぜ（ほかの球団ではなく）この球団とコラボしなくてはならないのか、といった点をきちんと説明し、相手にコラボしてみたいと思ってもらうことが重要です。

また、「④提案内容の説明」には、具体的な商品図案などを入れて、企画している商品上で知的財産（ロゴや選手の肖像）をどのように使うのかを明確にしなくてはなりません。

さらに、**当社と組むことで球団側にどういうメリットがあるのか**を、熱く書くと球団側の心象がよくなります。

なぜ球団側のメリットを書くのでしょうか？

球団からすれば、商品販売数が伸びれば、こちらから支払うロイヤリティ額が増加するので、それがメリットであることは間違いありません。

しかし、人気球団の場合、本当にたくさんの企画が舞い込んできます。球団側には、「ひとつの商品カテゴリーには1社しか使わない」という縛りがある（1業種1社）

場合があります。それでも、同業種の競合他社が同じタイミングで申請してきた場合、当社を選んでもらわなくてはなりません。

基本的には早いもの勝ちなのですが、それでも、その時に球団側のメリットをロイヤリティ以外でも考えられている企画であれば、選択される可能性は高くなります。

球団の実情により、書くべきメリットは変わりますが、基本的に、球団のファンをどうするかを軸にメリットを書くことをおすすめします。ファンあっての球団です。**「ファンをもっと熱くしたい」「もっとファンを増やしたい」**など、**球団のニーズに合うようにメリットを書いていく**といいのです。

次ページで、実際に横浜ＤｅＮＡベイスターズに提案した企画書の中から一部を抜粋したものをご紹介しますので、参考にしてください。

球団側に「メリットがある」と思ってもらうためには、少なくとも3～4項目程度のメリットを書く必要があります。1～2項目程度では、「メリットは少ない」と思われてしまう可能性が高くなる、ということを覚えておいてください。

内容は、両社間に親和性があることを書きます。

実際に提案した企画書の一部を紹介!

このコラボ企画の**メリット**を
しっかり書く!

横浜DeNAベイスターズ様の
想定されるメリット

◆ **当社とベイスターズ様には親和性がある。**

◆ **お客様に対する方針に共通項がある。**
当社店舗の平均的な商圏は半径500mから1km程度
=『地元のお客様を大切にする』
ベイスターズ様も『地元ファンを大事にする』方針

◆ **あまり野球に興味がない方へ興味関心を喚起できる。**
食パン購入の来店頻度は高い(週2〜4日程度来店)。
店内ポスターの活用や声掛けなどにより、
高い接触頻度による訴求ができれば実現できる。

◆ **優勝争いなどに絡むことができれば、店舗とお客様が一体となって応援できる企画を立てることができる。**

プロ野球球団とコラボする方法

両者がコラボする**意義**を
しっかり書く!

なぜ、横浜DeNAベイスターズ様とコラボなのか?

横浜発の食パン専門店をもっと浸透させたい!

- 食パンの需要そのものは非常に堅調。
- 家庭で調理がいらず手軽なパンが、米の支出額を逆転。
  (パン全体の30%が食パン購入によるもの)
- **若年層からシニアまで幅広い年齢層からの安定的な需要。**
- 昨今のテイクアウト需要の高まりという背景を踏まえ、
  競合の参入が多く、**今後はさらなる差別化戦略の実践が必要。**
- 我々は**商品の美味しさに自信はある**が、大きな差別化要素のひとつである、「**横浜発**」をアピールしきれていない。
  (実際に、FC店舗からは「横浜発」をもっと使いたいとの強い要望あり)

横浜DeNAベイスターズ様との
コラボレーションは
当社にとって差別化できる
大きなチャンスになりうる!

たとえば、ファンに訴求できる機会があること、将来的にさらに訴求できる可能性があること、などを中心に考えるといいでしょう。また、ここに書くメリットは、球団側が当社とのコラボを検討する際の理由として社内稟議を通すためにも使われることを想定します。

そもそもコラボレーション企画の大前提は、「**両者がこの企画により繁栄できる**」ことです。その前提を忘れることなく、企画書を作成することが肝要なのです。

お客様が熱狂するものは何ですか？

その熱狂できるものと、自社の既存商品のコラボレーションという組み合わせで、新しいアイデアをつくってみてください。

きっとご自身がワクワクできるようなアイデアができるはずです。

「お客様が便利だと感じるもの」と組み合わせる

通信機能をうまく使う

「画期的なアイデア」というのは、意外なところにヒントが隠されているものです。

たとえば、自社とは**まったく異なる分野の技術やサービス**がその1つです。

他分野の技術やサービスであったとしても、「お客様が便利だと感じているもの」は、必ず自社の商品やサービスに応用することができます。

「小さくて携帯性に優れている」「1つで複数の機能がある」「薄いのに温かい」……。

ざっと挙げてみても、身の回りにはヒントがあふれています。

みなさんも、お客様がどんなことを便利と感じているのか、日頃から観察して、気づいたことはメモ帳に記録するようにしてください。

特に考えてほしいのは、通信・インターネットなど、ネットワークと組み合わせることです。これは**ＩｏＴ**（Internet of Things）――**あらゆるものがインターネットとつながる**――という考え方です。

最近は、ＩｏＴの事例も増えてきました。以前より通信機器や通信費用が安くなっていますので、導入のハードルは低くなってきています。

ぜひ、自社の既存の機器やサービスに、ＩｏＴを組み合わせることを考えてみてください。提供できるサービスの範囲が、一気に広がります。

では、方眼ノートを使って、実際にアイデアを組み合わせてみましょう。

まず、方眼ノートに自社の商品・サービスの中で、物理的に形があるものを書いていきます。そして、その商品・サービスの中で、**人が接触することで動くこと**（動作、その結果）を書き出します。

たとえば、「シャンプーが入っているボトル」の場合。

「ノズルを押す、シャンプーが出る、シャンプーが減る、（なくなると）ふたを回して開ける、シャンプーを補充する、いっぱいになる……」、こんな具合です。

これらは、情報としてすべて通信・インターネットを使うと、今後有益になる可能性を秘めているものです。

さらに、取れたらいいなという情報を考えます。3章でお伝えした「5W2H」を使うと考えやすくなります。特に、**誰が（Who）**と、**いつ（When）**がわかるようになると、とても便利です。

身近な事例をいくつか紹介しましょう。

象印の**「みまもりほっとライン」**というサービスがあります。これは、お年寄りと離れて暮らしている家族の方が、遠隔でお年寄りを見守るというものです。

言い方は失礼かもしれませんが、**元は単なる「電気ポット」**です。それが**ネットワークと接続するだけで、お年寄りを見守るサービスに早変わり**するのです。

仕組みは、ポットに通信機能が内蔵されており、お年寄りがポットを使うと、その情報が家族にEメールで届くというものです。

お年寄りは、いつもと何も行動を変えることなく、ポットを使ってお茶を沸かす行為をするだけで、家族にはその行動情報が届くのです。

お茶を沸かすという行動情報に、「誰（お年寄り）が」と「いつ（お茶を入れた時間）」を加えることで、元気にしている様子がわかるようになります。近くに住んでいなくても、家族は安心できるというわけです。

次に、**「まもレール」**というサービス。これは、子どもを心配する親御さん向けのサービスです。ＪＲ東日本と都営交通、東京メトロの首都圏主要路線各駅で展開されています。

子どもがＳｕｉｃａ（スイカ）やＰＡＳＭＯ（パスモ）などの非接触ＩＤで駅の自動改札機を通過すると、保護者へ「通過時刻」「利用駅」「チャージ残高」をお知らせする仕組みです。

「まもレール」も、象印の「みまもりほっとライン」と同じように、**行動（習慣）は何も変えなくていい**ことがポイント。子どもは、何も特別なことをすることなく、いつもどおりに自動改札機を通ればいいのです。

自動改札機を通るという行動情報に、「誰（子ども）が」と「いつ（改札通過時間）」

「既存のもの×通信機能」=新商品

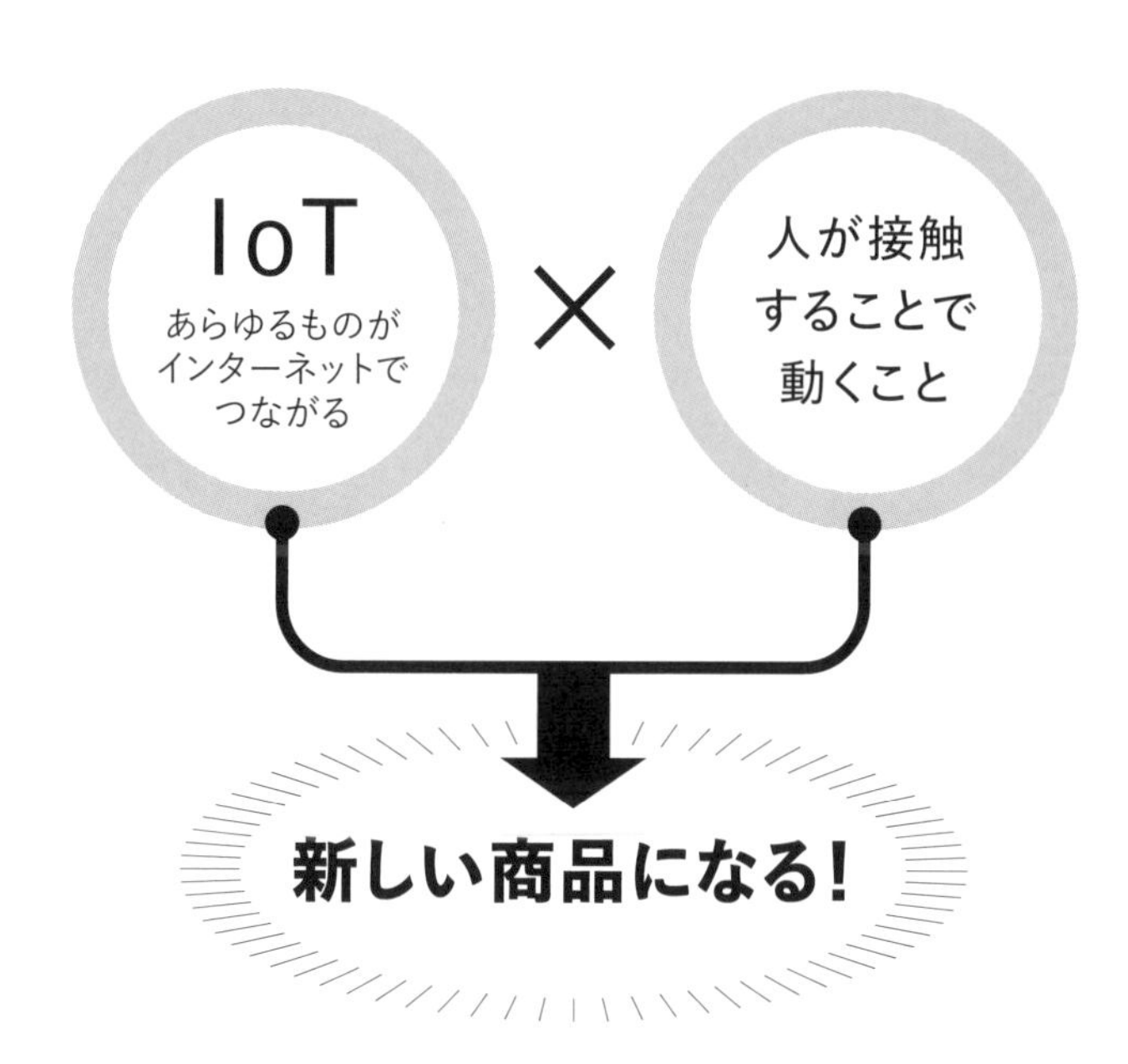

たとえば 飲食業界初の「手洗い管理システム」

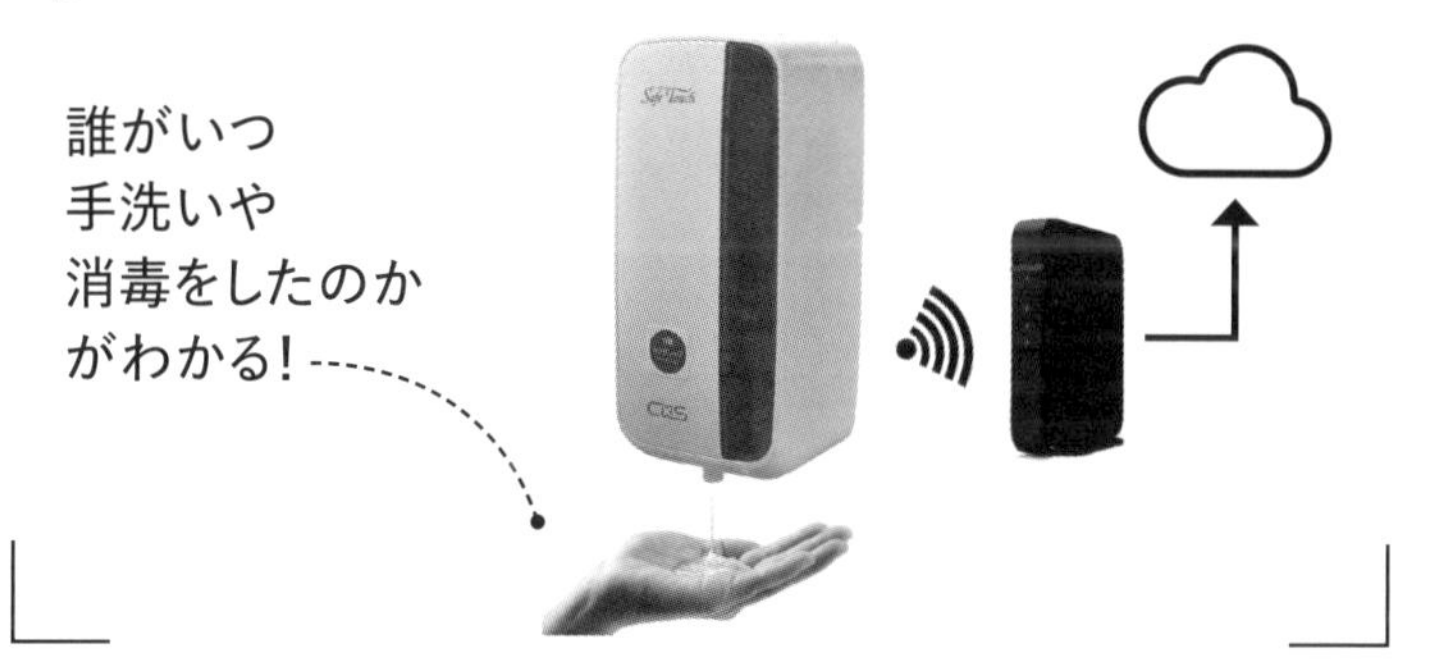

を加えるだけで、子どもの無事を確認できるのです。同様のサービスは小田急電鉄などほかの私鉄各社でも実施しています。

私も、同じような発想で、新しい商品を開発してきました。**飲食業界初の「手洗い管理システム」**もその1つです。

既存のソープディスペンサーやアルコールディスペンサーに、非接触IDと通信機能を持たせることで、徹底されていなかった手洗いや消毒の習慣化を支援したのです。

この装置により、**誰がいつ手洗いや消毒をしたのかがわかる**ようにし、牽制機能を持たせることができました。さらに洗剤やアルコール量が、一定の閾値を下回ると、アラートが管理者に届くようにもしましたので、溶液がなくなり、衛生管理の問題が発生することを未然に防ぐこともできました。

基本的にすべて既存のものに、通信機能を取り込んだだけの仕組みです。

みなさんも、「お客様（自分や利用者）が便利だと感じているもの」を、既存の商品やサービスと組み合わせてみてください。思わぬアイデアが生まれるかもしれません。

「赤色」×「黄色」は、マネタイズ最強の組み合わせ

色の心理的効果を使う

街中にあふれる看板。店頭に並ぶ数々のPOP……おなじみの光景ですよね。

身近にあるモノを使って、自分のアイデアを見直し、強化してみましょう。

そもそも看板やPOPは、何のためにあるのでしょうか？

愚問でしたね。お客様に発信をして、少しでも売上を上げるためですよね。

看板もPOPも、少しでも**お客様の目に留まり、手に取ってもらい、買い物かごに入れてもらうために工夫**をしているのです。

でも、世の中の看板やPOPには、目に留まるものと、そうでないものがあります。

その違いは何でしょうか？

それは、**人間の特性を理解しているかどうかの違い**だと思います。

これは、アイデアをつくる際にとても重要な視点です。人間の特性を理解するとは、わかりやすく言えば、「お客様目線で考える」ということです。

ここでは、お客様目線にとって、特に大きな影響を与える「色」についてお話をしたいと思います。


私たちは、情報の約8割を視覚から得ています。色は、視覚に留まる大切な要素ですから、色そのものが持つ心理的な効果（特性）を活かせば、人に大きな影響を及ぼすことができるのです。

私が考える**最強の色の組み合わせは、「赤色」×「黄色」**です。

セール期間中に見る「Sale」と書かれたＰＯＰは、どういう色の組み合わせか思い出せますか？　その多くは、赤色と黄色の組み合わせだと思います。

この組み合わせだと、何より目立ちますし、人の目に留まるのです。これが、色そのものが持つ心理的な効果（特性）ということになります。

試しに街に出て、いろいろ観察をしてみてください。

大手外食チェーンである**「マクドナルドの看板」**はどうでしょうか？

最強の色の組み合わせ「赤色」×「黄色」でできていますよね。街中でも郊外でもとても目立ちます。きっと、マクドナルドがまだ無名だった頃でも、この看板ならよく目立って、お客様の関心を引いたことでしょう。

ほかに気になるのは、**「ワークマン」**。元は、建設などの工事業者向けの作業着などを展開していた会社です。

最近は、低価格で高品質なアパレル企業として、従来の枠組みを超えた新業態を拡げています。この新業態のロゴを見てみましょう。どれも違って見えますが、ワークマンの基本色である黄色系の色を取り込み、一目でワークマングループだとわかるようになっています。

「ワークマンプロ」は黒をベースにすることで「重厚さ＝プロ」を表現しています。一方、「ワークマン女子」は複数の色を取り込むことで、重厚さではなく、もっと気軽さを表現しています。

マクドナルドもワークマンも、色それぞれが本来持っている心理的な効果をうまく使うことで、自社の認知度や業績アップにつなげているのです。

ここで、オートバイ用品チェーン店ナップスでの実例を挙げながら、色が持つ心理的な効果を利用した例を説明してみます。

まず、店舗外観、入口、トイレ、商品の売場など、検討したい対象を方眼ノートに書き出します。そして、色が持つ心理的な効果と自分の印象をそれぞれに当てはめて書いてみます。

店舗外観：「黒」……高級なイメージで、威圧感がある。

入口：「黒」……店内が見えづらく、入りづらい。

トイレ：「くすんだ白」。元は白だったが、薄汚れていてくすんでいる。お客様に悪い印象である。

高価品売場A：「白」。高価な商品なのに、安っぽく見える。

通常売場B：「白、緑」。清潔で落ち着いた印象。

現状を書き出したら、色が持つ心理的な効果を踏まえて、これからどうするかを考えます。

詳しくは後述しますが、**白は「清潔」**、**黒は「高級・恐怖」**、**赤は「ポジティブ・警告」**、**橙は「温もり」**、**黄は「元気・注意」**、**緑は「リラックス」**、**青は「知的」**という特性があります。

この店舗の場合、高級な商品のみを販売する店舗ではないにもかかわらず、外観をはじめ多くのところに黒を使っていました。そのため、入りにくい印象がありました。

一方、高価な商品を陳列する売場では、照明をはじめ、壁や棚など全体が白系の色に統一された売場でした。そのため、寂しい印象を与え、高価な商品の良さが伝わりにくくなっていたのです。

そこで、色が人に及ぼす心理的な影響を研究し、店舗全体の見直しをはかることにしました。すると、たった1年で**売上が約25%アップして100億円を超える**だけではなく、**赤字体質から脱却**することができたのです。

みなさんも、「お客様目線」で、もう一度、既存の商品やアイデアをブラッシュアップしてみてください。色そのものが持つ心理的な効果（特性）を加えるだけで、効果的なアイデアに変わるかもしれません。

最後に、色の特性を簡単にまとめてみます。覚えておくと本当に便利ですよ。

■無彩色（白色、黒色、グレー色）の活用方法

白色は、**清潔感**や**明るい**イメージを伝えたい時に効果的です。

黒色は、**高級感**や**重厚**なイメージを伝えたい時に有効です。ただ、恐怖感や悪のようなイメージにつながる場合もありますので、使い方には気をつけましょう。

グレー色は、**落ち着き**のあるイメージを伝えたい時に効果的です。洗練されたイメージにもつながります。

また、無彩色は色味のある色との組み合わせのベースの色として効果的です。彩度のある色を強調できるからです。

■**赤色の活用方法**

赤色は、興奮する色と言われるとおり**活力**があり、**行動を促す効果**がありますので、看板やPOP、パッケージなどでよく使われています。イベントなどでの活用が多いのも、この赤色が持つ特性を活かしたものです。とてもポジティブな印象を与えます。

一方で、使い方次第ではネガティブにもなります。暴力、怒りなどのイメージにもつながります。**目に留まりやすい**という面もありますので、消防車やサイレンなど緊急性を持つものや警告の看板などにもよく使用されています。

■橙色の活用法

橙色は暖かく、**喜び**や**陽気**などの印象を与えます。温もりのある印象から家族などを連想させ、住宅系での使用例が多い印象があります。また陽気さからイベントでの活用事例もたくさんあります。

■黄色の活用方法

黄色も赤色と並んで、私はよく意識して使う色です。**愉快**や**元気**、**希望**などを与えるポジティブな印象の反面、注意喚起や注目させる場合にも大いに活用できる色です。「頭上注意」などの注意喚起で、黄色と黒色の組み合わせを見たことがあるでしょう。

非常に目立つ効果的な組み合わせです。

■緑の活用方法

緑色は植物からも連想されるように、**安らぎ**や**癒し**などの印象から、リラックスを提供するような商品や空間などでよく使われます。植物や自然のイメージは、健康面でもポジティブな印象を与えます。環境対応の商品や健康食品などの多くの事例を見ることができます。

■青色の活用方法

青色は、企業のコーポレートカラーとして使われることが多いです。これは**信頼**や**落ち着き**、**知性**などのイメージを与えることができる青色の特長を利用したものです。また、空や海、水などのイメージもあります。空や海が持つ壮大観や、水の爽快感などの演出にも使えます。

一方で、使い方によってはネガティブにも振れます。静的なイメージから、冷たい、悲しいという印象になり、気分を落ち着かせすぎたり、沈めてしまったりすることもあります。

5
章

この「ひと手間」がお金を生み出す

「仕上げ」ノート術

「気温が5度変わる」と、売れる商品はガラッと変わる

気温、天候に注目する

いよいよ最終章です。この章では、アイデアにさらに磨きをかけて、マネタイズできるアイデアに「仕上げる」方法をお伝えしていきます。

まず、売上アップにつながるアイデアに必要な考え方についてお話しします。

商売の基本は「千客万来」――。

これは、ローソン在籍時に、当時の専務取締役から教わり、以来ずっと意識していることです。

「千客万来」とは、多くのお客様がひっきりなしに店を訪れ、絶え間ないこと。商いに携わる人にとって、「千客万来」は基本であり目指すべき理想でもあります。

実際、お客様はそう簡単には来店してくれません。そのお店に行く理由があるからわざわざ足を運ぶのであり、意味もなく来店してくれるお客様などいないのです。

お客様は、なぜ来てくれるのか？　お客様は、なぜ来てくれないのか？

それらを考える際に、ぜひ押さえておきたいことがあります。

「数字」と**「お客様心理」**です。

たとえば、「気温」です。「今日は暑いね」で終わらせるのではなく、具体的に30度などと「数字で表す」ことが大切です。

なぜなら、**気温によって、お客様が来店する動機は変わる**からです。

よく言われるのが、25度になるとアイスクリームが売れ、30度を超えるとアイスクリームより、さらに冷感の強い氷菓が売れるようになるというものです。

同じ気温でも、春から夏に向かう場合と、秋から冬に向かう場合では、気温の感じ方は異なります。それはお客様の購買行動にも異なる影響を与えます。

前日が30度を超えた日の25度と、前日が20度だった時の25度では、同じ25度でも感じ方が異なることは、容易に想像できるでしょう。

前者なら温かいものを、後者なら冷たいものを、店舗に品揃えすることになります。

さらに、ＰＯＰでその商品をアピールするとより効果的です。

ちなみに、お盆明けに、なぜかコンビニにおでんが並ぶのも、同じ理由です。

お盆明けは、急に気温が下がる時があります。そのタイミングを見越して、おでんを店頭に準備しているのです。


気温以外では、**「天候」**も数字化すべき要素です。

降雨や降雪は人が外出するのを嫌がる理由の上位に入ります。みなさんも実感があると思います。実際の商売の現場では、翌日が雨予報の時には、仕入れや仕込み数量を調整することで、来店数の減少に対応しようとします。

これらの気温や天候変化で、お客様の行動がどのように変わるのか、また実際にどのように変わったのかなどを数字（データ）にしておくことで、お客様の動きが数字に表れるようになります。その数字の事実を使って、アイデアをつくっていくのです。

「数字の変化」の裏には、必ず「お客様の心理の変化」があります。

気温、気候とお客様心理の関係は？

数字にすると一目瞭然！

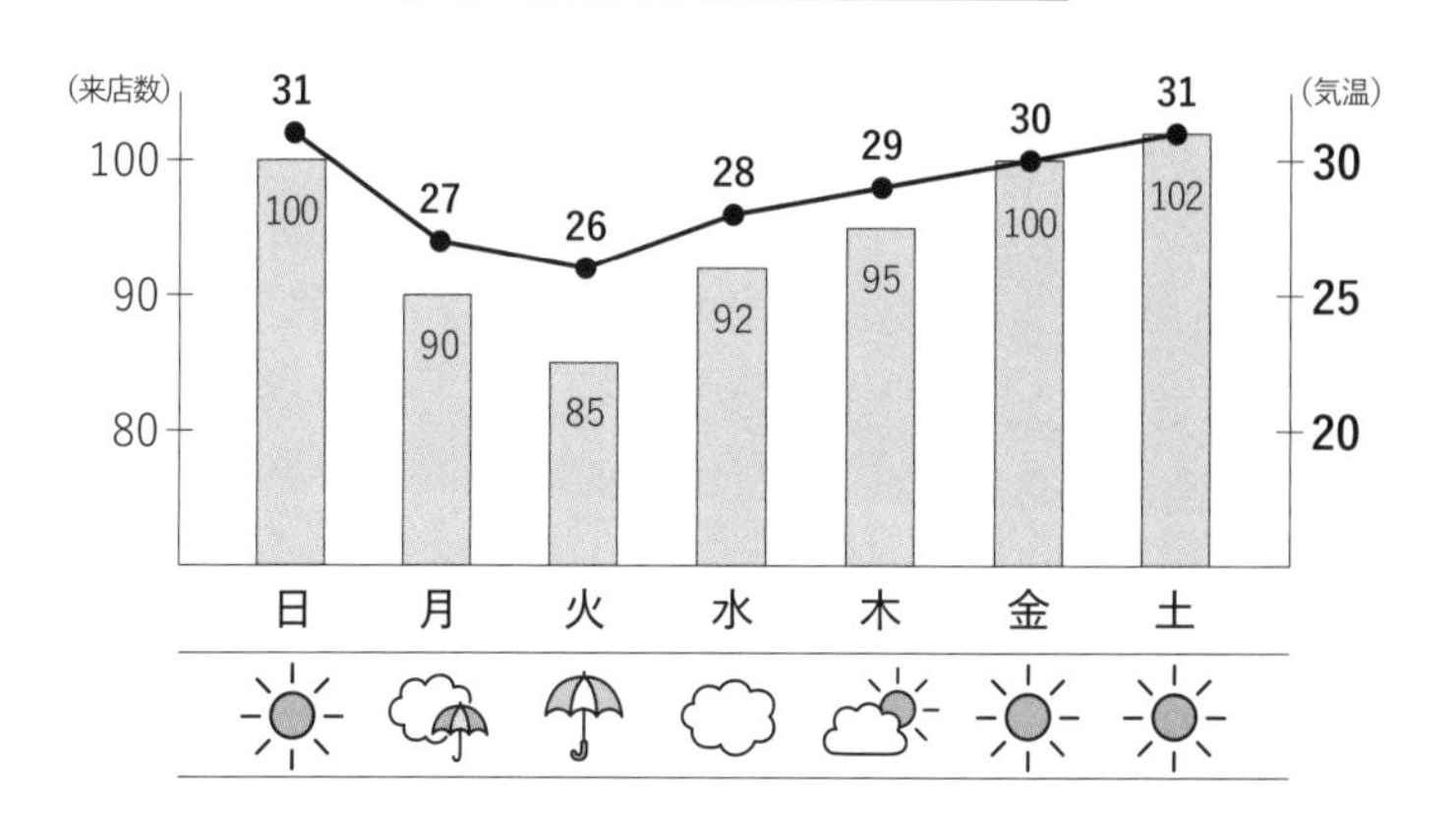

たとえば

夏場にパンは売れない

どうする？

アイスクリームのような触感のクリームを使う。
ザラメで冷たさを強調。
パンを冷蔵。

結果

「雨だから外出したくない」「猛暑だから出かけたくない」というのも心理の表れです。

同じ晴れ間でも、梅雨の晴れ間であれば貴重さが加わり、心理的にプラスに作用するものです。ほかにも、正月や卒業、入学や就職、転職、結婚などのいわゆる「ハレの日」でも、人の心理は大きく変わります。

自分が対象とするお客様はどういう心理状況なのか?

そのお客様心理と照らし合わせてアイデアを練り直すことが大切です。

私が、総合ベーカリーチェーンの経営立て直し支援で行なった実例を紹介します。

もともとこのチェーンは、売上の下落に歯止めがかからない状況でしたが、夏場はさらに厳しさを増します。唾液がパンに吸い取られるような印象があるのか、夏はパンが売れないのです。夏場をどう乗りきるかは死活問題でした。

そこで注目したのが気温です。**「25度になるとアイスクリームが売れる」という一般論を応用**してみました。

アイスクリームの触感に近いクリームを開発し、メロンパンに挟んでみました。

また、クリームにザラメを入れることで、氷のような冷たさを感じてもらう工夫をしました。さらに、できあがったパンを冷蔵しておくことで、ヒンヤリとした触感を保つようにしました。これは、大変ご好評をいただきました。

このようにお客様の気温に対する心理の変化に着目して商品開発や販売方法を工夫することで、「夏場にパンは売れない」という常識に立ち向かったのです。

結果は上々でした。

日差しの強さがまだ弱い早朝と夕方を中心に、**来店客数が約10％増加**したのです。

多くのお客様は、少しでも「涼」を感じたいと思っていたようで、この新商品を目当てに来店されました。来店されれば、「ついで買い」にもつながります。結果的に、通常の夏場と比較して、ベーカリーチェーン**全体の売上は8～12％程度も上昇**しました。つまり、**「夏場にパンは売れない」という打つ手なしと思われた常識に、勝てるやり方を1つ獲得できた**のです。

人の何気ない行動の裏には、「気温」や「天候」が大きく作用しているものです。

「数字」と「お客様心理」をあなたのアイデアづくりに応用してみてください。

「温かい商品はより温かく、冷たい商品はより冷たく」見せる

購買欲求を刺激する

あなたのアイデア（商品）をさらに魅力的にする方法があります。

そのアイデアに、**「シズル感」**を足してみるのです。

「シズル感」とは、食欲や購買意欲をかきたてる「みずみずしさ」を表した表現です。広告の世界では、「臨場感」や「実物感」の意味で用いられることもあります。

たとえば、ポスターで温かいうどんを告知するとします。そのうどんに「湯気」がある画像とない画像を想像してみてください。どちらが温かくておいしそうだと思いますか？　湯気がある画像のほうが、「より温かい」と伝わるのです。

この「より温かい」のように**「より○○」と感じてもらうことが「シズル感」**です。

このうどんのケースで言えば、「より温かい」と感じてもらうことで、「より食べたい」

と思ってもらえるということです。

わかりやすく言えば、「シズル感」とは、**お客様がその商品を「より一層」買おうと思う「理由」になるもののこと**です。

アイデアにシズル感を足すために、私が心がけていることがあります。それは、**「温かい商品はより温かく、冷たい商品はより冷たく」見せる**――

ということです。

たとえば、少し肌寒くなってきた頃を想像してください。

会社帰りのあなたは、お腹が空いてきたので、夕食用にスーパーに立ち寄ります。「何か温かいものを買おう」と思ったあなたが手に取る商品……。

その商品のパッケージは何色でしょうか？

おそらく、多くの人が、赤や黄色のパッケージをイメージしたはずです。

実際、温かいと感じられる商品パッケージの大半は、**赤、黄、橙といった「暖色系」**が使われています。もし、その商品のパッケージに青や紺などの「寒色系」の色が使われていたとしたら、温かさを感じるのは難しいですよね。

では、暑い日には、どんな色のパッケージを手に取りたくなるでしょうか？

暑さで嫌気がさしているのに、太陽のような真っ赤な色のパッケージを手に取りたくなる人はいないでしょう。暑い日は、少しでも暑さをやわらげるために、ヒンヤリ感が伝わってくる「寒色系」の色を使った商品パッケージに惹かれるものです。

冷たい商品をより冷たく伝えたい時には、やはり寒色系を使うのが効果的なのです。

では、暑い日だからこそ、辛いものを食べたい時はどうでしょう？

その商品のパッケージが青だったら、やはり辛さは伝わってきませんよね。

「シズル感」は、食べ物に限らず、**「より楽しい」と感じてもらいたい時にも有効**です。

色のほかにも、商品を楽しく選んでほしい時は、徹底的に楽しく感じてもらえるような工夫が必要です。やるなら、**「極端だと思われるくらい徹底する」**ことです。

たとえば、小売店大手のドン・キホーテの陳列やＰＯＰなどは本当に徹底しています。特に、独自の陳列方法として有名な「圧縮陳列」は、同社が生み出した画期的な手法の１つです。

圧縮陳列は、買い物の楽しさや面白さをお客様に訴えるために行なっている商品ディスプレイ、販売促進のやり方です。棚という棚に商品を詰め込み、天井まで積み上げた独自の売場空間をつくることによって、お客様に、宝物を探すような楽しさ、ワクワク感を提供することに成功しました。

圧縮陳列が生まれた背景は、店舗が狭かったため、仕方なく上へ上へと陳列したのがきっかけでした。しかし、その徹底した姿勢が、お客様の根強い支持を得た一因なのです。

このように、「温かい商品はより温かく、冷たい商品はより冷たく」見せるということは、**お客様の気持ちに徹底的に寄り添う**ということです。

あなたのアイデアをもう一度見直して、お客様の購買意欲をかきたてる「シズル感」を足してみてください。

「よく見る商品を買ってしまう」のはなぜ？

人間心理を知る

アイデアをつくるうえで、「つねに自分に言い聞かせている」ことがあります。

それは、**「アイデアを必要としているのは人間である」**ということです。

「当たり前ではないか」と思われたでしょうか？

私たち人間には、無意識に行動してしまうことが本当にたくさんあります。みなさんも例外ではありません。その**「無意識に行動してしまう」という人間の特性に注目するの**です。

アイデアの対象が人間である以上、人間に備わった特性を理解することは欠かせません。それによって、アイデアに深みを増すことができるのです。

その意味で私が参考にしているのが「行動経済学」です。

行動経済学の理論の中で、アイデアづくりの参考になるのは、「ヒューリスティック」です。ヒューリスティックとは、「過去の経験や先入観をもとに直観的に意思決定をすること」をいいます。自分に**なじみのあることは、よく起こると思ってしまう**のです。
たとえば、テレビＣＭやＷｅｂ広告、電車の中吊り広告などで、「よく目にするものほど、買ってしまう」傾向が高まります。私たち人間は、「**記憶に残っているものを信用してしまう**」からです。

この人間の特性を利用して、アイデアをブラッシュアップしてみるのです。

店内ＰＯＰやチラシなどを作成する際は、テレビＣＭやＷｅｂ広告、電車の中吊り広告が大いに参考になります。

あなたがテレビＣＭやＷｅｂ広告、電車の中吊り広告などで、気になったものがあれば、方眼ノートに書き出してみてください。そして、なぜ、気になったのか、その理由をまとめてみるのです。

あなたが**気になったということは、その広告が効果的だったということ**です。その気になった理由をあなたのアイデアに活かせば、多くの人の目に留まるものをつくれる可能性が高くなるということです。

たとえば、電車の中吊り広告でいえば、『週刊文春』と『週刊新潮』の広告は似ているとか、なぜかいつも隣り合って掲示されているとか、餃子の冷凍食品のパッケージは、どれもよく似ているとか、そういうことを書いていくのです。

似ているというのは、マネをされることが多いという証です。「マネをすることで何かしらの効果がある」と言ってくれているのと同じことなのです。

さらに、書き出したことに対して、順番をつけていきます。「もっとも気になった順」「模倣のしやすい順」に順番をつけてみましょう。

「模倣のしやすさ」というのも、アイデアづくりにおける大切なポイントです。

私は過去、『週刊文春』の広告風の営業チラシをつくったことがあります。模倣した理由は、このデザインが効果的だと思っただけでなく、模倣しやすかったからです。

これまでの営業用のチラシは、営業マンが配った後、だいたいゴミ箱に直行でした。よくても、顧客の書類の山の中に埋没するパターンです。

ほとんどが、読まれることなく、終わってしまう残念な運命だったのです。

そこで私は、これまでの営業チラシを大胆にリニューアルすることにしました。取り入れたアイデアは、**『週刊文春』の中吊り広告のデザイン**です。「よく目にするものほど、買ってしまう」という人間の特性を踏まえ、なじみのあるデザインをモチーフにすることで、営業チラシに注目してもらおうと考えたのです。

狙いは「的中」しました。

これまで見向きもされなかったのが、面白がってチラシを受け取ってもらえるようになりました。お客様から何らかの反応が返ってくるのは1%に満たなかったのが、**なんと50%以上の反応をいただくようになった**のです。このチラシをネタに、別の商談が始まり売上につながったケースもありました。

このように、チラシをリニューアルした目的は達成できたのです。

ほかにも、ヒューリスティックの中でアイデアの参考になるのは、「**代表的な例が全体を反映していると勘違いする傾向**」についてです。

たとえば、「5人に聞いたところ、4人が移住するなら静岡県がいいと答えた」という宣伝文があったとします。すると、サンプル数はたったの5人と少ないにもかかわらず、多くの人が「移住するなら静岡県」と信じてしまう傾向があるのです。

これは、あらゆる情報を加味していては面倒なので、代表的な事例だけを見て判断するという脳の特性がもたらしたものです。

この特性をPOPなどに活かすとしたら、**「当店のスタッフ10名のうち、9名がイチオシのアップルパイです！」**などと書いてみると効果的です。

もう1つ別の例を紹介しましょう。

次のAとBでは、どちらが好印象でしょうか？

A：満足度90％。

B：10人に1人は不満足。

言っていることは同じですが、Aのほうが好印象と答える人は多いのです。

なぜかと言うと、Bは不満足が1人しかいないにもかかわらず、「不満足の人がいる」

ということに引っ張られ、まるで不満足が多いように勘違いしてしまうのです。

またAは、「90％」という数字の印象に引っ張られて、物事を判断してしまう典型的な例です。**第一印象に固執してしまう**わけです。

人間は「自分の考えや直前に見聞きしたものに固執して勘違いすることが多い」のです。学歴や肩書が人の印象に大きな影響を与えるのも同じ理由です。

この特性を先ほどのPOPに活かすと、**「全スタッフの90％が満足したアップルパイ！」**という効果的な文章に変わります。

このように、ヒューリスティックを利用するだけで、あなたのアイデアに**有無を言わせぬ説得力を加える**ことができます。

ぜひ、人間の特性を見つめ直し、あなたのアイデアをさらにブラッシュアップしてみてください。

行動経済学をアイデアに応用すると?

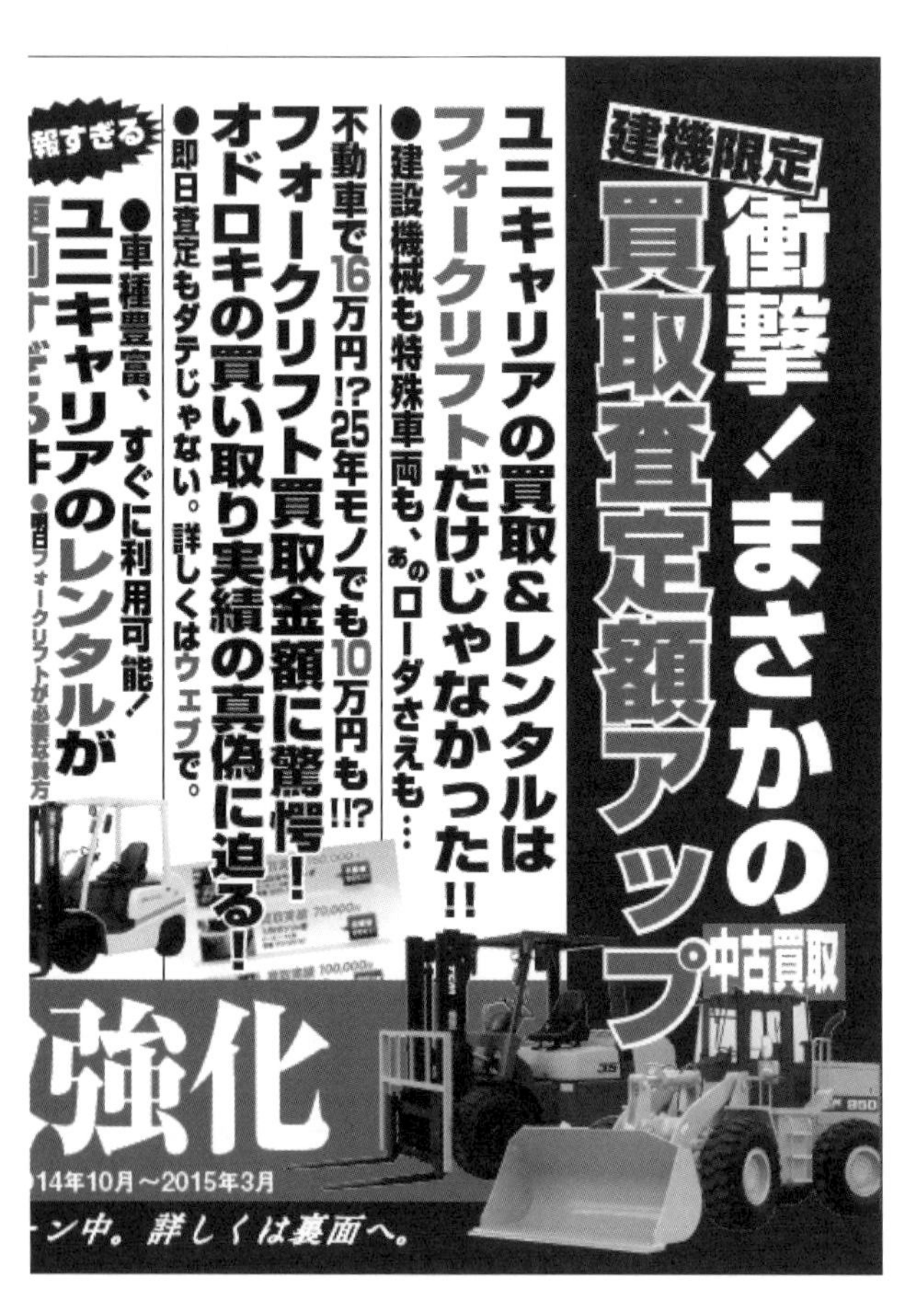

ヒューリスティック――
人は「過去の経験や先入観をもとに直感的に意思決定」する。

人は「よく目にするもの」を買う

『週刊文春』の中吊り広告をオマージュした営業チラシ

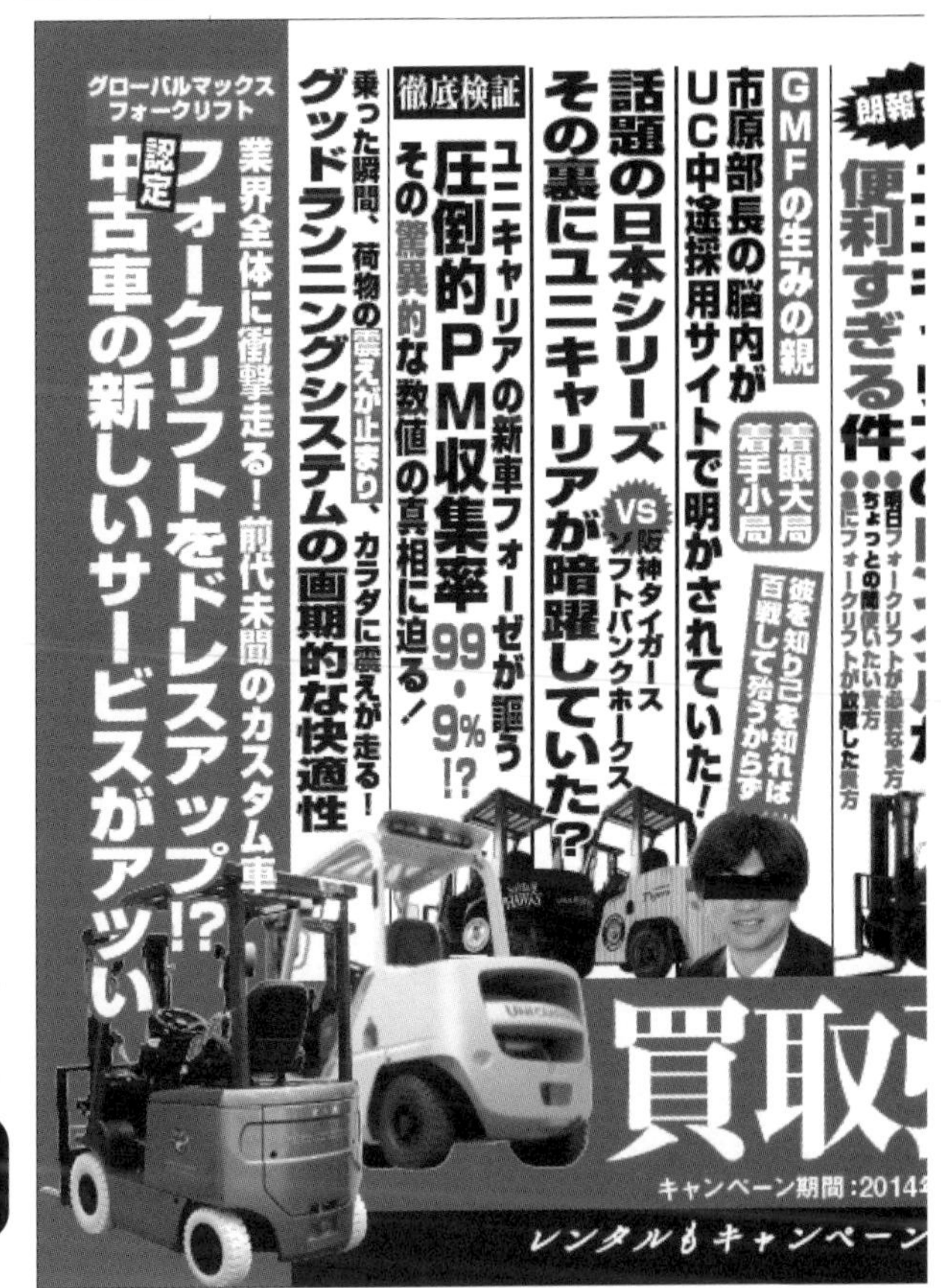

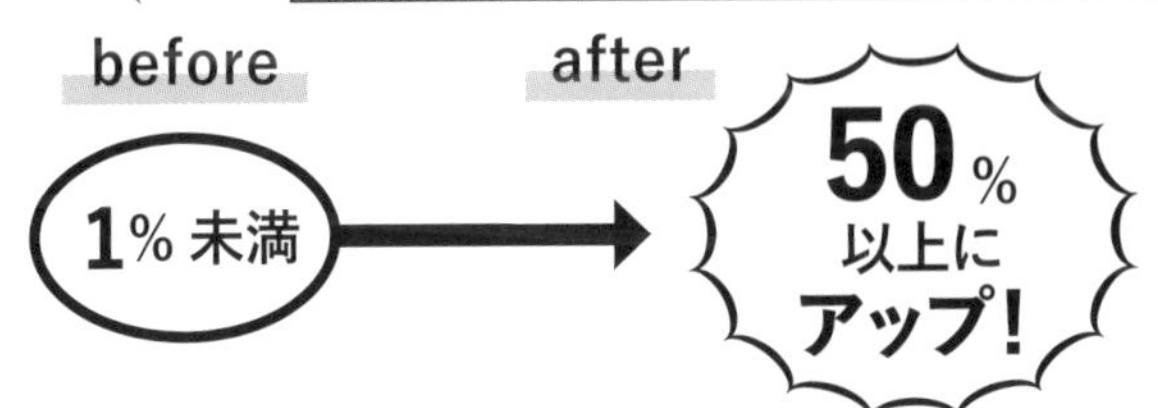

実例　この「ひと手間」で売上は3倍変わる！

時には徹底してこだわる

「感動は細部に宿る」——。

私はこの言葉が好きで、いつも念頭において仕事をしています。

実際に、私たちが商品を買う時のことを思い出してみると、この言葉の意味がしっくりきます。

「この丸みがいいんだよな」とか、「この滑らかさにこだわりを感じる」といったように、なぜか商品の細部に惹かれるといった経験がある人は少なくないでしょう。

私たちが商品に惹かれる理由の1つに、**「期待を超える」**というものがあります。

「ここまで気を配っているのか」という驚きが、感動につながるのです。

「こんなところ、誰も見ていないよ」などと決めつけて手を抜いたり、手間を惜しんだりしていては、お客様に感動してもらうことはできません。

もしかしたら、その「ひと手間」がお客様に支持をされ、「ファン」になっていただけるかどうかの分岐点かもしれないのです。

「ファン」が増えれば売上は上がり、ファンのためにも商品をつくり続けることになります。こうして、好循環が生まれ、長く愛される商品に育っていくのです。

では、その「ひと手間」はどこにかければいいのでしょうか？

じつは、**「ひと手間」をかけるところは1つだけで十分**です。多くのところに手間をかける必要はありません。

売上が伸び悩んでいて、その状況を打開するアイデアがほしいのであれば、一度、まっさらな目でその商品の製造工程や販売方法を見直してみてください。

きっとコストや工数などさまざまな理由で、手間をかけることを避けてきたところがあるはずです。そこから目を背けず、一度検討の俎上(そじょう)に上げてほしいのです。

方眼ノートには、手間をかけたいが手間をかけられていない項目を書き出します。そして、なぜ手間をかけられていないかの理由を書きます。さらに、手間をかけることの難易度と、手間をかけた時の効果について、それぞれ「高」「中」「低」と書いていきます。これは、だいたいの感覚で大丈夫です。

そして、タテ軸に効果、ヨコ軸に手間とした十字線の中に配置（プロット）していきます。**第一象限（右上）が実施する優先順位が1位**、第二象限（左上）が優先順位2位、第四象限（右下）が優先順位3位。第三象限（左下）はやらないとなります。

あるベーカリーチェーンで行なった施策について、お話ししましょう。

この会社は、急速な店舗拡大が裏目に出て、売上が低迷し、倒産寸前の状態でした。私はパンづくりにはまったくの素人でしたが、何らかのアイデアでこの窮地を脱する必要がありました。

社歴の長い社員やパン職人たちにヒアリングをし、どこに「ひと手間」をかけるべきかを図を使ってプロットしていきました。その結果、優先順位1位の施策はほぼやり尽くしたことがわかり、優先順位2位の施策を実施することにしました。

それが、**「菓子パンの命であるカスタードクリームの手づくり化」**というものです。

本当に効果的な「ひと手間」とは？

1. ノートに書く

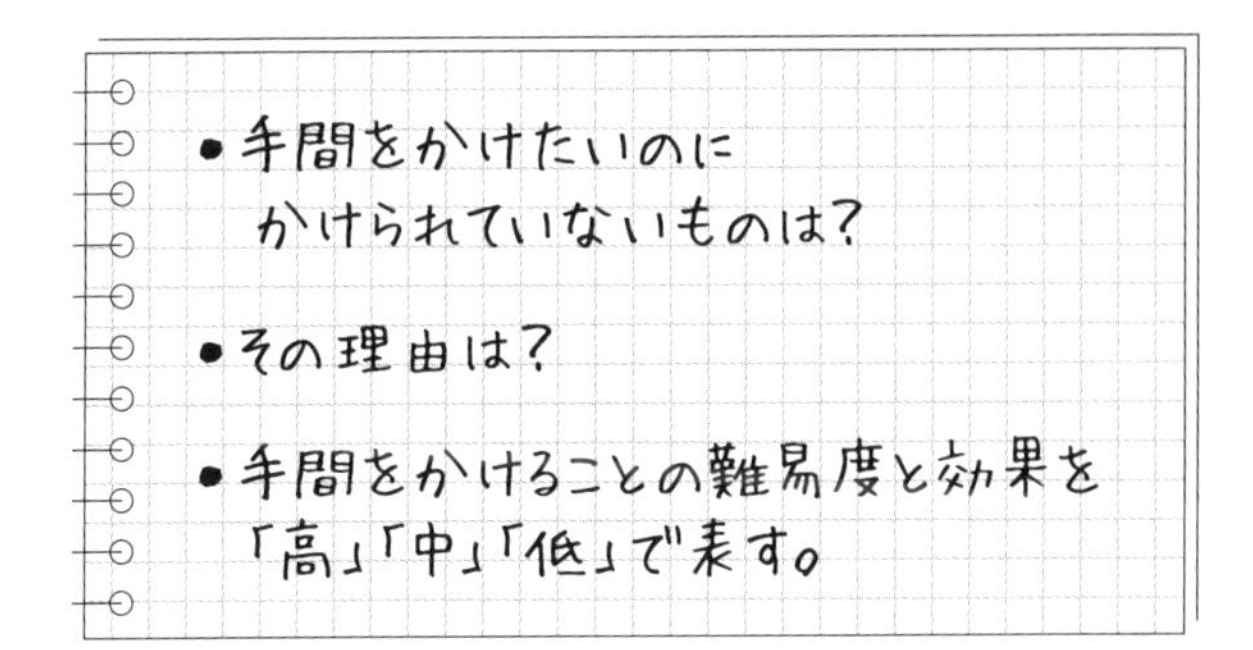

2. 図に配置してみる

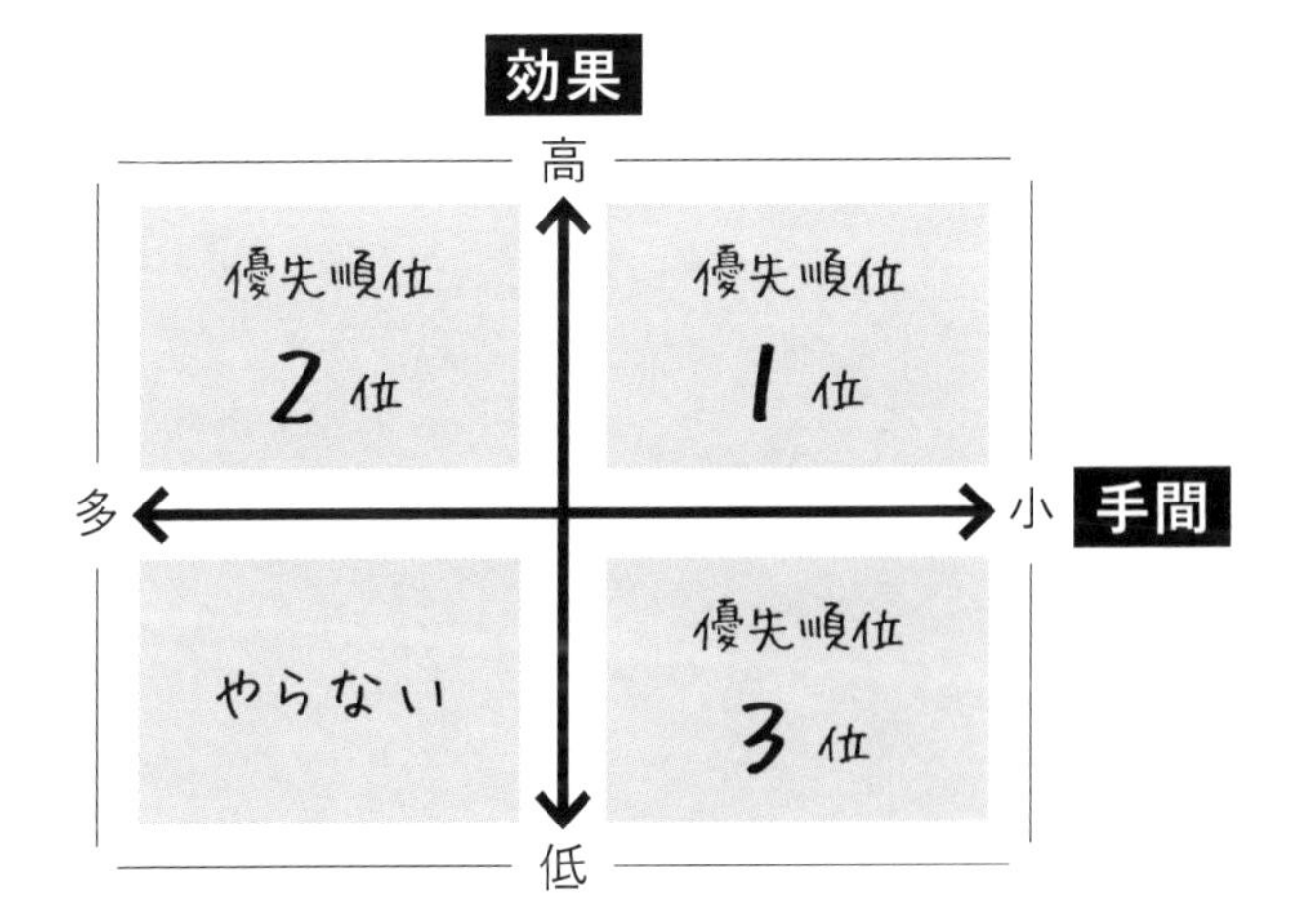

効果的な「ひと手間」が見つかる！

カスタードクリームというのはとても重要な素材で、カスタードクリームの味だけで、そのパン屋がどういうレベルなのかがわかると言う人もいるくらいです。

じつは、そのベーカリーチェーンでは、1年ほど前に自前でカスタードクリームをつくることを止め、外注先からの仕入れに変更していました。そして、その変更タイミングから、じわじわとお客様が減り始め、久しぶりに来店したお客様からは、「味が変わった」と言われることも増えていたのです。

つまり、**菓子パンの命を他人に委ねてしまった**のです。

カスタードクリームをつくるのは、簡単なことではありません。職人がつきっきりで、厨房の暑さと戦いながら、1時間以上も大きなボールに入ったカスタードを混ぜ続けなくてはなりません。「少しでも焦げたらおしまい」、というくらい繊細なものです。本当に手間のかかる商材なのです。

それでも、もうやるべきことは決まっていました。

「最高のカスタードクリームを自社でつくる」ことに決めたのです。

その結果、手間も工数もかかりましたが、カスタードを外注するより、原価を大幅に削減することができたのです。

次に、定番のクリームパンを大幅にリニューアルしたことを伝え、大々的に売る準備です。このクリームパンには慣れ親しんだ名前がありましたが、それも変更することにしました。

結果は大成功でした。

「早朝に販売開始しても昼には完売」という状況がしばらく続き、「**販売数量は従来の3倍以上に増えた**」のです。このクリームパンは、ベーカリーチェーンの**収益改善に大きく貢献**しました。

発売から2年以上たった今でも、このクリームパンは、販売のベスト5に入ります。「ファン」がついたのです。今後、もっともっと長く愛される商品になるでしょう。

ほんの少しの「手間を惜しまない」こと――。

それだけで、**お客様に長く愛される商品をつくることができる**のです。

「ハリネズミの概念」でアイデアをブラッシュアップ！

勝てる土俵に集中する

アイデアを仕上げていく際に大切なことがあります。

それは、**「単純明快さ」**です。

「単純明快さ」とはどういうことかについて、参考になる考え方があります。

それは、『ビジョナリー・カンパニー』（ジム・コリンズ、日経ＢＰ社）という書籍で紹介されている一節、**「単純明快な戦略――ハリネズミの概念」**です。

とても有名な書籍ですので、実際に読まれた方も多いと思います。

ここでは、ハリネズミの概念を使って、アイデアを絞っていくやり方についてお話しします。

この「ハリネズミ」という言葉は、「ハリネズミと狐」という随筆から引用されたものです。世の中には、「ハリネズミ型の人間」と「狐型の人間」がいるとの指摘です。狐は、さまざまな戦略や、やり方を考えて、ハリネズミを捕獲しようとします。ハリネズミは、体を丸めることで自分自身を守ります。狐は計算高く、ハリネズミよりも賢いのですが、残念ながら勝つのはいつもハリネズミ。そう、「体を丸める」というシンプルなことをやっているハリネズミが勝つのです。

さて、ハリネズミの概念とは、「狐型の人間はたくさんのことを知っているのに対し、ハリネズミ型の人間は**たった1つ、肝心要(かんじんかなめ)のことを知っている**」というものです。

肝心要のこととは、次の3つが重なるところです。

1、自社が世界一になれる領域はどこか?
2、経済的原動力になるのは何か?
3、情熱をもって取り組めるのは何か?

この**3つの領域の重なり合うところ**を、徹底的に取り組もうというのです。

3つの領域について、もう少し説明をしましょう。

「自社が世界一になれる領域はどこか？」で最も大切なのは、世界一に**「なれる（Can）」**であり、「なりたい（Want）」ではないということです。

自社が持っている、人やモノ、お金などのリソースで、世界一に「なれる」領域を見つけ、その領域に全力で向かうことが大切なのです。

もちろん、世界一ではなく、**「狙っている業界やカテゴリーで一番」**になれる、ということで構いません。あなたのアイデアを活かし、一番になれる領域かどうかが重要です。

「経済的原動力になるのは何か？」は、その領域で最も利益として貢献できる指標を選択し、その指標の達成に焦点を当て、継続的に実施することです。簡単に言うと、**一番になるために継続的に目指す指標（目標）**です。

「情熱をもって取り組めるのは何か？」は、**必ず取り組むことができること**です。これも、「情熱をもって取り組もう」というようなスローガンではなく、必ず取り組む

「単純明快」なものほど強い

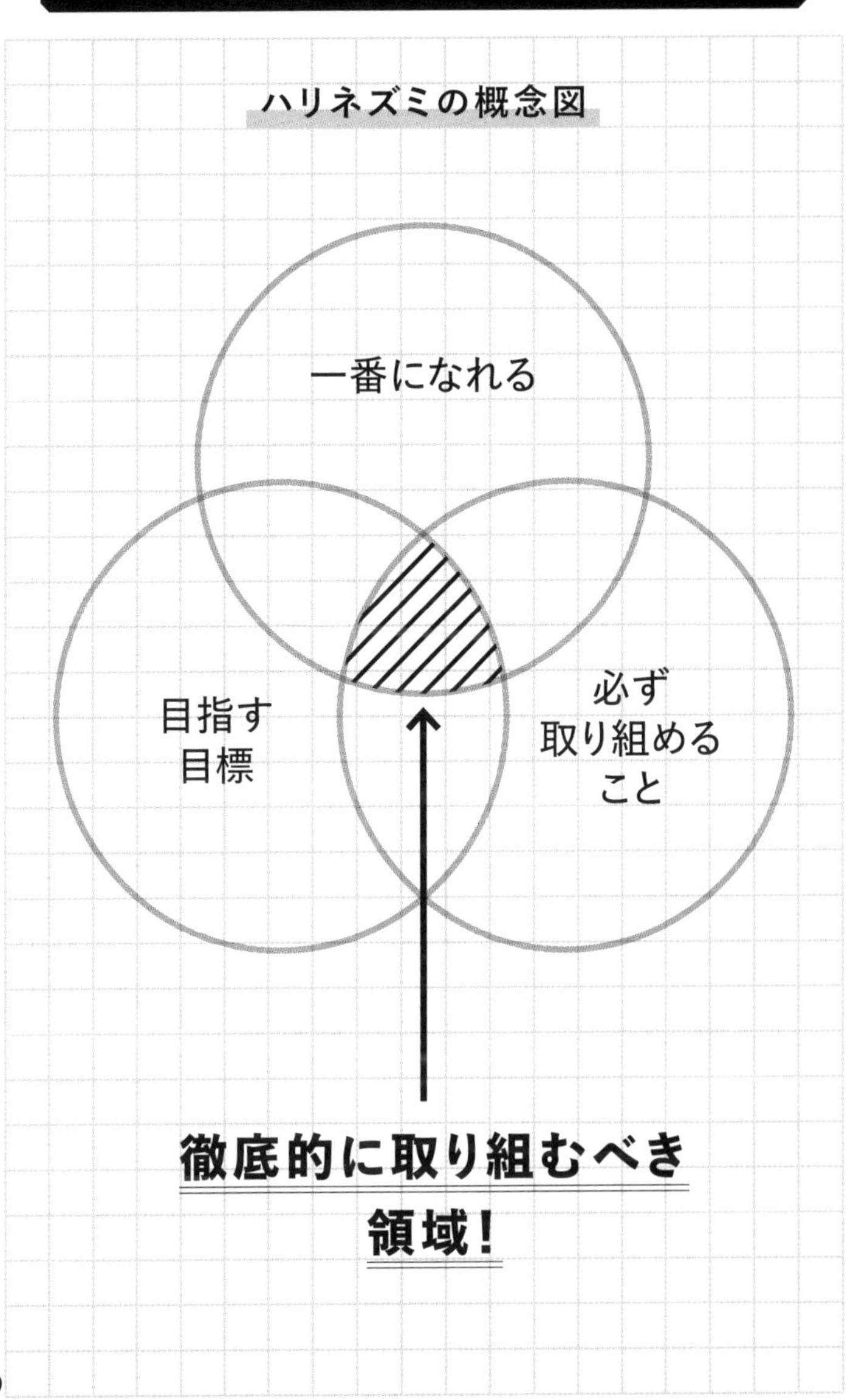

ことができるという点が重要です。

じつは、前項のベーカリーチェーンで実施したカスタードクリームの取り組みも、「ハリネズミの概念」を使って絞り込んだものです。

方眼ノートを使って、1から3までについて検討したことをまとめていきます。

ハリネズミの概念		検討したこと
1、自社が世界一になれる領域はどこか？	↓	「地域で一番になれる」
2、経済的原動力になるのは何か？	↓	「毎日買っていただいても飽きられず、老若男女問わず愛され、販売数量が伸び、原価も低く抑えられるため利益に貢献する商品」
3、情熱をもって取り組めるのは何か？	↓	「職人魂をゆさぶられる難しさと達成感がある」

この3つの領域が重なったのが、**「カスタードクリームにこだわったクリームパン」**だったのです。

私は、パンづくりの専門家ではありません。むしろ圧倒的な素人でした。私がこのベーカリーチェーンの経営に携わった時は、経営状況は最悪であり、実施すべき改善テーマは多岐にわたりました。その状況下で、何から手をつけるべきかを判断する時に使ったのが、このハリネズミの概念だったのです。

やるべきアイデアを絞り込み、それを徹底的に実施することで、しっかりと利益に貢献するアイデアに仕上げる――。

このハリネズミの概念は、みなさんのアイデアをブラッシュアップする際にも必ず有効なツールになります。

「ＡＢＣ理論」――人はこの３つには逆らえない

見た目のインパクトで勝負

「新商品を考えるって、頭の痛いことです」

「新しいアイデアが出てこなくて、本当に困っています」

アイデアに悩む人から、このように苦しい胸の内を明かされることがあります。

気持ちはわかりますが、もしかしたら、そんなに悩む必要はないかもしれませんよ。**見せ方を「ちょっと変える」**だけでも、新しいアイデアができてしまうのですから。

みなさんに知っておいていただきたい考え方があります。

それは、「**ＡＢＣ理論**」というものです。これは、**人が無意識に目を向けてしまうものの頭文字**を組み合わせて、「ＡＢＣ理論」と呼んでいます。

1、Aは、動物「アニマル（Animal）」の頭文字。
2、Bは、美しさ「ビューティー（Beauty）」の頭文字。
3、Cは、子ども「チャイルド（Child）」の頭文字。

この「ABC理論」をあなたのアイデアに使うことで、これまでよりもお客様の目に留まりやすくなります。商品だけでなく、POPやポスターなど商品告知に使う商材を考える際には、特に有効な考え方です。

ここで、方眼ノートを使ってポスター作製を考えてみましょう。

ノートに、ポスターのイメージの長方形の枠を書きます。通常は、この真ん中の大きなスペースに商品を載せたいところですが、あえてここに「A動物、B美しさ、C子ども」のどれかを入れることを考えてみるのです。

商品やイベントなどの告知は下のスペースに入れます。

「A動物、B美しさ、C子ども」の要素を使い、**見る人をハッとさせることでポスターに注目させ、伝えたいこと（商品名など）を伝える作戦**です。246、247ページに、実際に作製したポスターの例を紹介しておきます。

世の中を見渡してみると、多数の事例が見つかります。

「ビューティー」の事例として面白いのは、京都の清水寺や高台寺に近い**二寧坂（ねんざか）にあるスターバックスの店舗（ヤサカ茶屋店）**です。「ビューティー」というと、キレイな人を思い浮かべる方もいると思いますが、対象は人だけでなく、自然や文化など、美しいと思われるものはすべてです。

この店舗は、京都という文化を大切にしており、外観から内装まで和のテイストにあふれています。築100年を超える伝統的な日本家屋を使用し、畳の間でコーヒーを楽しめるぜいたくな空間が人気を呼んでいます。

見せ方の工夫に加え、体感もできる見事なアイデアです。

「アニマル」の事例については、私が上野動物園のパンダを題材に、「ちょっと見せ方」を変えて商品開発した時の話をさせてください。

その名も「**パンダフォークリフト**」という新商品です。

当時、私はフォークリフトなどの産業機械を製造販売しているユニキャリア（現・三菱ロジスネクスト）に在籍していました。企業価値が上がるような取り組みをすることが最大のミッションの1つでした。何かしら、営業が新規のお客様を開拓できるようなきっかけをつくる必要があったのです。

ずっと策を練るために情報収集をしていたのですが、たまたま目に留まったニュースがありました。

上野動物園にいる「メスのパンダ〝シンシン〟が懐妊」というニュースです。

一見、フォークリフト業界には関係のないことのように思えますが、誰もが好きなパンダのニュースです。**私には関係大ありのニュース**でした。

「上野動物園に懐妊記念のフォークリフトが納入されたとなれば、必ずニュースになるに違いない」と思いついたのです。

そこで考えた商品が、「パンダフォークリフト」だったのです。

このアイデアの中で、2つの「見せ方」を意識しました。

1つは、「見た目」です。言ってしまえば、**既存商品（フォークリフト）に、パン**

「ABC理論」をアイデアに応用する

「動物（Animal）」を商品と組み合わせた例

上野動物園「パンダフォークリフト」

「シンシンが懐妊」というニュースにかけた記念商品。メディアの取材を受け、高い宣伝効果が！

人が無意識に目を向けてしまう

「ABC理論」を応用して実際に作成したポスター

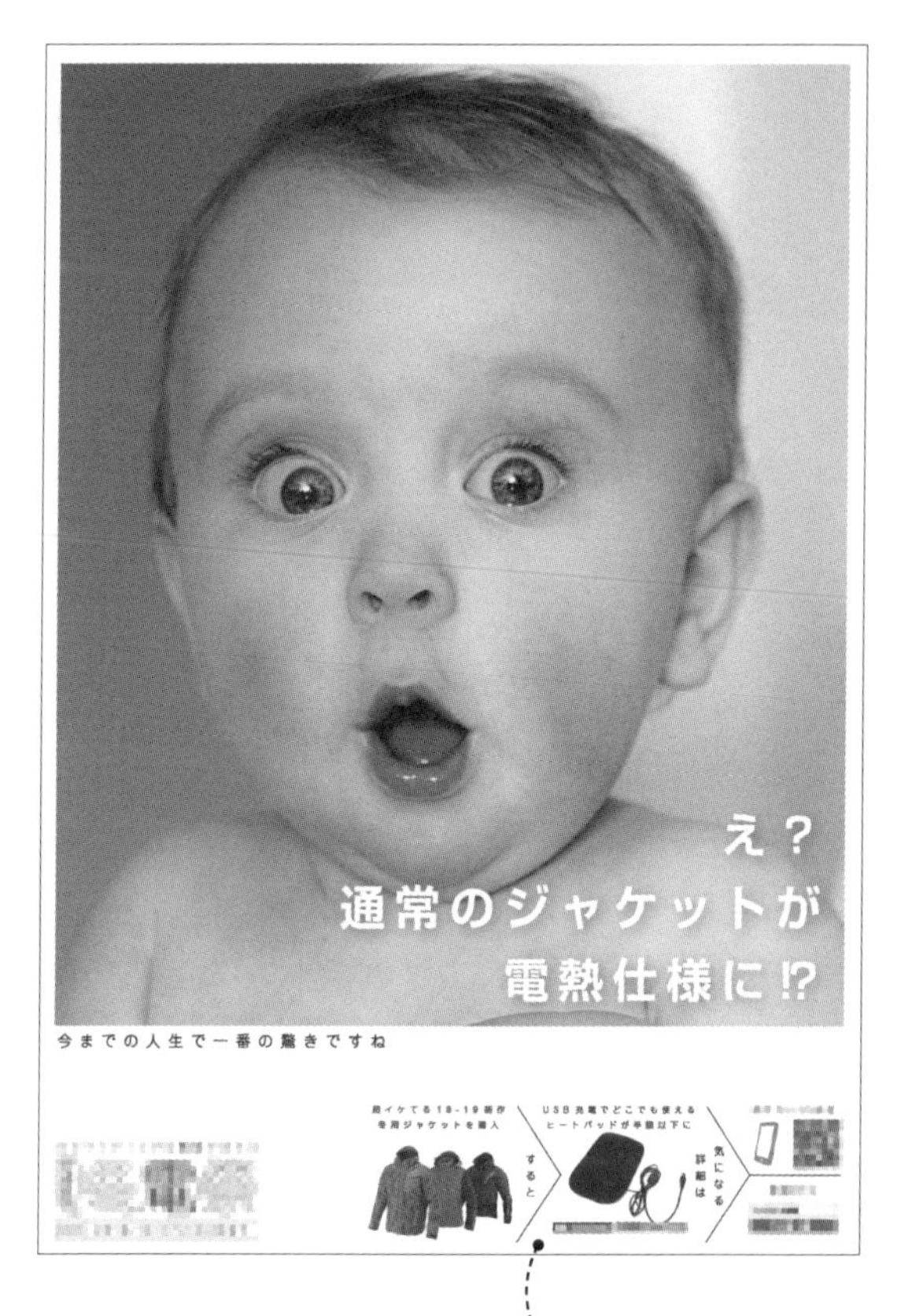

商品はあえて小さく

まずはポスターに注目させることが大切！

ダをイメージした図柄を貼っただけです。図柄は全部で7つ。「隠れパンダ」というコンセプトで、探さないとわからないような図柄も1つ入れています。こんな遊び心を入れ込むことで、人に話したくなるストーリーができます。

もう1つが、「記念」という**この時だけしかない付加価値をつける**ことです。「懐妊」という希少なタイミングの「記念商品」という見せ方に仕上げたのです。これだけで、話題性が高まります。

実際、上野動物園で納車式を行ないましたが、**マスコミ数社にも取材してもらう**ことで、しっかりとしたニュース記事になりました。記事は、自社が属する業界だけでなく、一般のニュースとしても広くリリースされたことで、**高い宣伝効果を得ることができた**のです。

多くの人が好きなものを積極的に取り込み、見せ方をちょっと変える——。

それだけで、新しい付加価値を生むことができます。新しい商品のアイデアは、ご自身の身近にあるのです。

あなたのアイデアは「本当にマネタイズできる」？

アイデアを検証する

本書もいよいよ終わりに近づいてきました。

あなたのアイデアも、どんどん形になってきていると思います。ここで、そのアイデアが、「マネタイズ」できるのか検証してみましょう。では質問です。

「なぜ、あなたのアイデアはお客様に選んでもらえるのですか？」

もし、**この質問に自信をもって回答できないのであれば、あなたのアイデアは、まだ社会に出す段階ではない**ということになります。

マネタイズするためには、お客様に選ばれ、お金を支払ってもらわなくてはなりません。お客様がアイデアを選ぶのには理由があります。その理由を、あなた自身が、しっかりと認識しておく必要があるのです。

ここで方眼ノートを使って、もう一度、アイデアを整理してみましょう。方眼ノートに次の４つの質問を書き、１つずつ答えていくのです。

1、誰が？
2、何に困っている？
3、今はどうしている？
4、自分のアイデアは、その問題をどう解決し、人を幸せにする？

「Ｐｏｎｔａカード」の例を使って説明すると、次のようになります。

1、誰が？
↓普通に毎日買い物をしているお客様。

2、何に困っている？

↓たくさんのポイントカードで財布がパンパンになっている。家の引き出しにもポイントカードがあるので、必要な時に財布になくて困っている。

3、今はどうしている？

↓仕方がないので、重い財布を持ち歩いている。

4、自分のアイデアは、その問題をどう解決し、人を幸せにする？

↓どこの店でも使える共通ポイントカードが1枚あれば、必要な時には必ず使えるので、もう困ることはない。重い財布から解放される！

「コンビニ業界初のセルフレジ」の例でいえば、次のようになります。

1、誰が？

↓混雑時にペットボトルのお茶だけを買いたいお客様。

2、何に困っている？

↓長いレジに並ぶのが面倒。時間がかかるので、短いお昼休みがもったいない。

3、今はどうしている?

↓やむを得ず並ぶか、買うのを諦めるしかない。

4、自分のアイデアは、その問題をどう解決し、人を幸せにする?

↓並ばずに買えて、時間をムダにしなくて済む。お昼休みをもっと楽しめる!

あなたが**この4つの質問にさらっと答えられた時、あなたのアイデアはまさにマネタイズできるように進化したと言える**のです。

そして、あなたの考えが整理できたら、ぜひ身近にいる家族でも友人でも、同僚でもいいです。自分のアイデアを選んでくれるのかを聞いてみてください。

手厳しいフィードバックがあるかもしれません。そうであったとしても、それはよかったことです。まだ見直すチャンスがあるのですから。

この作業を繰り返すたびに、あなたのアイデアはどんどん磨かれ、誰もがワクワクするアイデアに変わっていくのです。

さあ、「人をワクワクさせるアイデア」に仕上げよう

アイデアを完成する

あなたは、自分のアイデアがマネタイズできると確信がもてたでしょうか？

確信がもてたら、いよいよ最終段階です。

あなたのアイデアを世の中に出していくために、「マネタイズ」ノートを仕上げましょう。

最終的に企画書をつくって、あなたの「マネタイズ」ノートを完成させるのです。

企画書は、あなたのアイデアに賛同してもらうためにつくります。ですから、当然、企画書には、あなたのアイデアに賛同する理由を書くことになります。

人があなたのアイデアに賛同する理由とは何でしょうか？

一言で言えば、「**ワクワク**」です。

なぜなら、**人を動かす原動力とは「ワクワク」にほかならない**からです。

あなたがアイデアをつくる時、きっとワクワクしていたはずです。

アイデアに賛同してもらうためには、あなたの「ワクワク」を、あなた以外の人にも感じてもらい、そのアイデアのファンになってもらう必要があるのです。

あなたが最終的に自分のアイデアに賛同してもらう必要があるのは、もちろん「最終決裁者」です。

最終決裁者に賛同してもらえなければ、あなたのアイデアが日の目を見ることはありません。そこで、本書の締めくくりとして、これまでお伝えしたすべての要素を踏まえて、最終決裁者をワクワクさせる企画書のつくり方をご説明したいと思います。

最終決裁者はもちろん、より多くの人にアイデアに賛同してもらうためには、「ワクワクするストーリーをつくる」ことが大切です。

理屈より、ワクワクするストーリーのほうが人の心に響くからです。

本書で紹介をしてきた事例にも、ワクワクするストーリーがあふれています。

「ラクダ冷蔵庫」なら、「アフリカの隅々までワクチンを届ける仕組みによって、貧しい国々の貧しい人々から疫病を撲滅する」というすばらしいストーリーです。

手前味噌になり恐縮ですが、「Ｐｏｎｔａカード」なら、「あなたの好きなお店すべてでポイントを貯め、ポイントを使うことができる世界をつくる」、さらに、「世界一お客様のことを理解している企業になる」というのが、狙っていたストーリーです。

ここで、前項で整理したことを思い出してください。

「誰が自分のアイデアを必要としているのか？　自分のアイデアがどのように問題を解決して、どのように人を幸せにするか？」を整理しましたよね。そこで整理したことを使って、**最終決裁者に賛同してもらえるようなストーリー**をつくってみましょう。

まず、方眼ノートにストーリーの「構成」を書いていきます。構成は、次の０から８つの要素になります。

０、タイトル。

１、背景。

2、狙い。

3、何をするのか。

4、なぜできるのか。

5、これまでの商品・サービスと何が違うのか。

6、効果。

7、スケジュール。

8、このアイデアへの思い。

0、**タイトル**は、企画提案の件名です。企画書で最初に目にするところですので、なるべくわかりやすく、印象に残るタイトルにしたいです。私は、「世界一」とか「業界初」とか、「競合他社に勝つ」とか、最終決裁者が、ハッと興味を持つようなタイトルを心がけています。

1、**背景**には、現状分析から浮かび上がってきた、このアイデアが必要となっている社会情勢や問題意識などを書いていきます。

2、狙いは、その背景を踏まえて何をしようとしているのかを端的に表現します。

3、**何をするのか**は、最も大事なキーになるところです。狙いで大まかに書いたのですが、ここではもっと具体的に記載します。ワクワクさせられるのか、**あなたのアイデアで世の中がどう変わっていくのか**、を書くのです。

4、**なぜできるのか**も大切なことです。あまりにも現実離れした内容では、最終決裁者から賛同は得られません。ここには、現在もっている人や金銭などのリソースを使って実現できるのかということを書くのです。アイデアの罠に陥っていないかを確認するためにも、とても重要な項目となります。

5、**これまでの商品・サービスと何が違うのか**、他社や既存の商品・サービスとの差別化要因を端的に書きます。

6、**効果**は、このアイデアを実施した時の具体的な効果効能を記載します。数字で定量的に効果を表現するのが最も大切ですが、数字で表現できない定性効果を書いても大丈夫です。

数字は、あまり細かい内容までの記載は不要です。細かい情報が多すぎ、ディテールにこだわりすぎると、読み手の理解に影響が出ます。全体としていいアイデアなのに、細かいところの理解で混乱させることで、いいアイデアだと思ってもらえない可能性がありますので注意しましょう。

7、スケジュールは、あまりにも先が長い（10年先など）では、最終決裁者は自分ごとと思ってくれない可能性があります。大まかなスケジュールとしては長くても3年間が目安です。そして、詳細のスケジュールも書きますが、半年から1年程度です。

8、このアイデアへの思いには、アイデアの発起人である、あなた自身がこのアイデアに対してどういう思いがあるのかを書きます。ここも非常に重要な項目です。**情熱でしか人を動かせないこともあります**。最後にもう一押し、あなたの「ワクワク」を思いっきり伝えてみましょう。

文章量の決まりはありません。ただ、少なすぎても多すぎてもダメです。少なすぎては、本当にやる気があるのかと思われてしまいますし、多すぎて、忙しい最終決裁者の大事な時間を使うのは憚(はばか)られるからです。

参考までに、260、261ページに、Pontaカードの企画書（抜粋）を挙げておきます。

この企画書は、0から8までの要素を使って考え抜いた後、忙しい社長向けに全体像を1枚にまとめたものです。

ワクワクするストーリーをつくるのは、人を惹きつけるうえで効果的です。頭の中で漠然としていたアイデアを言語化し、実現した時の世界を提案します。

まだ、実現していないその世界に共感してくれた人たちと一緒に、実現までの旅の道のりを示したのが、ワクワクするストーリーです。

アイデアの実現のためには、1人でも多くの共感者が必要です。そのためにも、この構成案を使って、何度も練り直し、ワクワクするストーリーをつくりましょう。

ワクワクするストーリーができた時、「マネタイズ」ノートの本来の意味である、**「社会的な価値を生むアイデアで、お金（収益）とあなたのファンを生み出すノート」**が完成するのです。

この企画で実現する世界を書く！

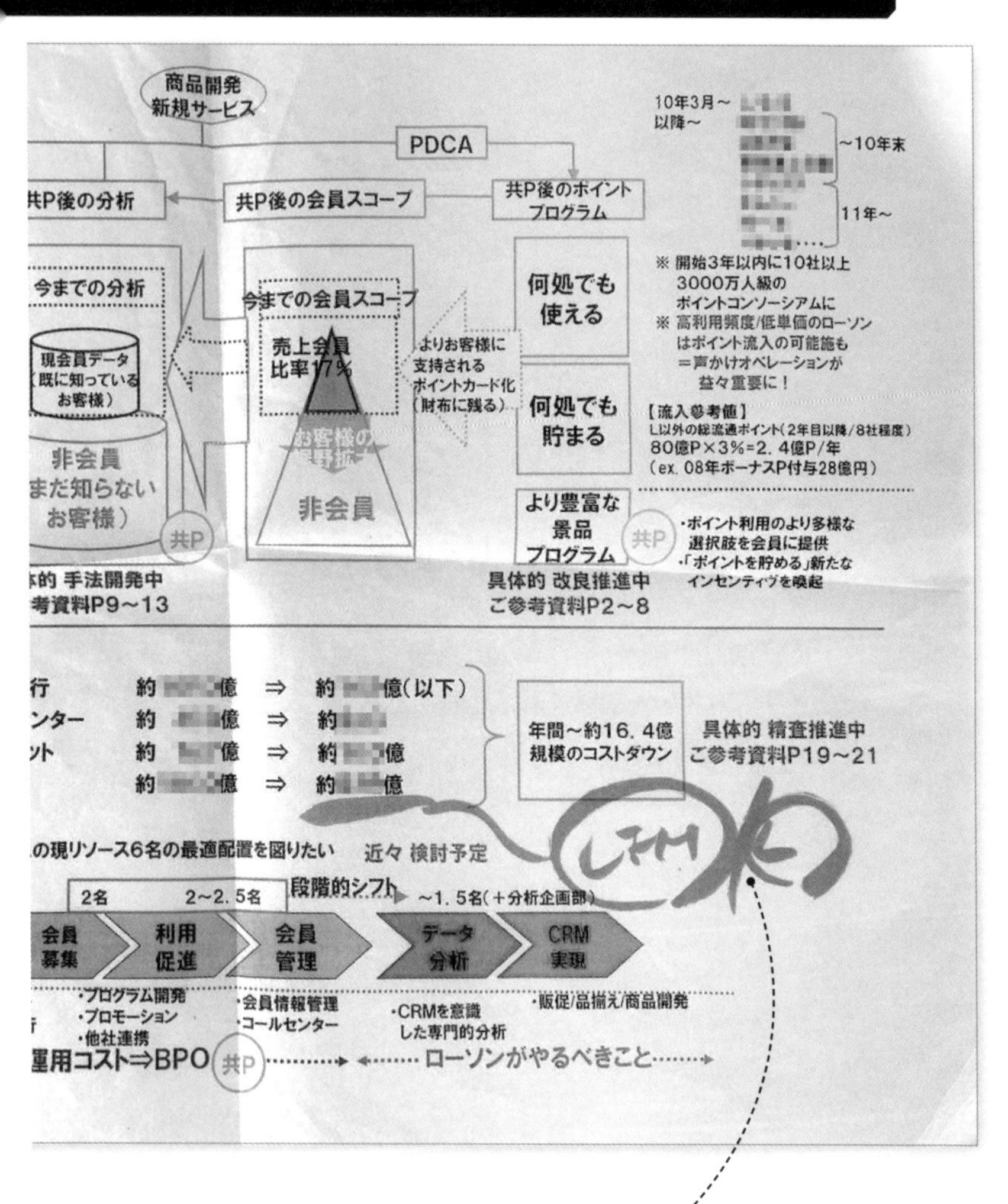

この赤字は、
新浪社長が確認した際のサイン。

「Pontaカードの企画書」の一部がこれ！

特別公開！

新浪剛史社長（当時）にこの企画の全体像を説明した際の資料。

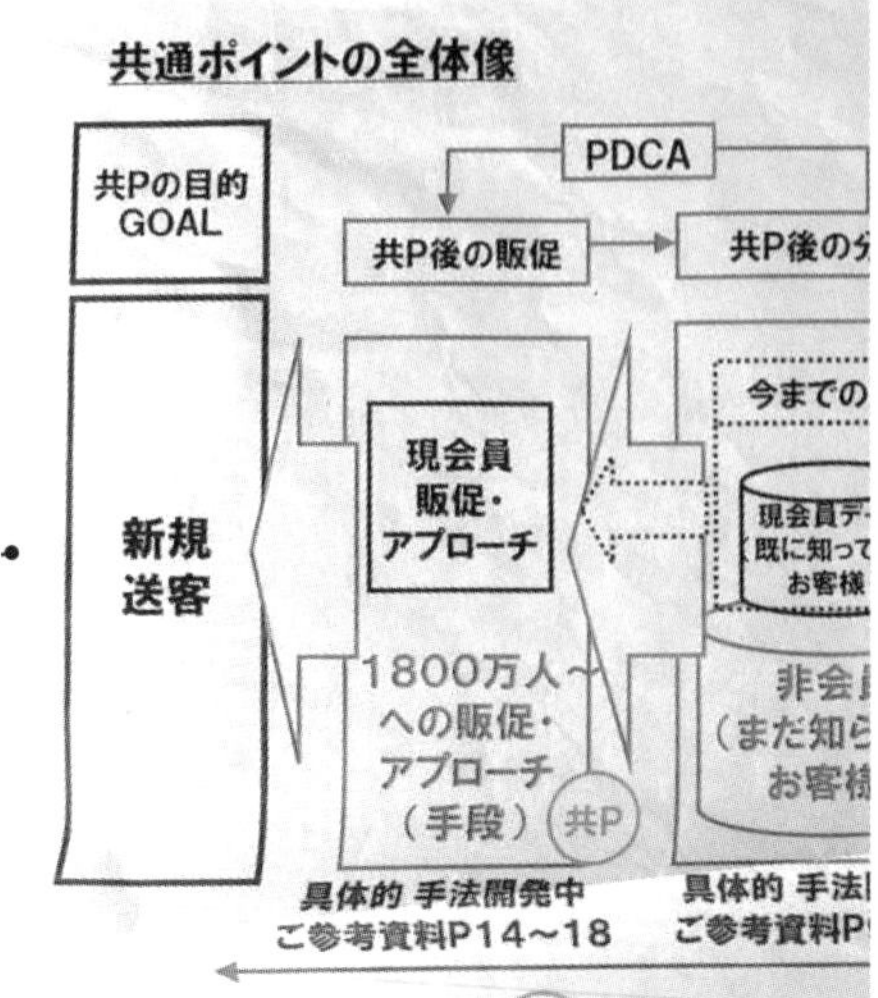

共通ポイントで実現する世界

▷「あなたの好きなお店すべてでポイントを貯め、ポイントを使うことができる」
↓
お客様の不満を一気に解決し
いつももちたくなるカードになる
＝いつもサイフの中に入っているポイントカード

▷「世界一お客様を理解している企業になる」
↓
お客様を深く知り、理解することで
小売業からサービス業への転換が
スムーズにできるようになる

⇩

これらの実現により、既存、新規のFCオーナーから選択されるFC本部になり、圧倒的なチェーンを構築できる基盤を作る

ノートに手書きでポイントをまとめる。

企画協力　ネクストサービス（株）
松尾昭仁
本文ＤＴＰ　佐藤正人（オーパスワン・ラボ）

アイデアをお金(かね)に変(か)える「マネタイズ」ノート

著　者――市原義文（いちはら・よしふみ）

発行者――押鐘太陽

発行所――株式会社三笠書房

〒102-0072 東京都千代田区飯田橋3-3-1
電話：(03)5226-5734（営業部）
：(03)5226-5731（編集部）
https://www.mikasashobo.co.jp

印　刷――誠宏印刷

製　本――若林製本工場

編集責任者　清水篤史

ISBN978-4-8379-2952-9 C0030

T30390